La filosofía escolástica
y su mensaje en la actualidad

La filosofía escolástica y su mensaje a la actualidad

Mauricio Beuchot

MADRID, 2024

Colección *Foro Hispanoamericano*

Director
Francisco Javier Gómez Díez (Universidad Francisco de Vitoria)

Comité científico asesor
Paolo Bianchini (Universidad de Turín)
Perla Chinchilla Pawling (Universidad Iberoamericana - México)
Alex Coello de la Rosa (Universidad Pompeu Fabra)
Fermín del Pino Díaz (Centro de Ciencias Humanas y Sociales, CSIC)
José Eduardo Franco (Universidade Aberta/CLEPUL - Universidade de Lisboa)
Almudena Hernández Ruigómez (Universidad Complutense de Madrid)
Ana María Martínez Sánchez (Academia Nacional de la Historia - Argentina)
Igor Sosa Mayor (Universidad de Valladolid)

Diseño de cubierta: Cruz más Cruz

Imagen de cubierta: Alumnos en un aula de la Universidad de Salamanca, siglo XVII

Primera edición: noviembre de 2024
ISBN edición impresa: 978-84-10083-67-7
ISBN edición digital: 978-84-10083-68-4
Depósito legal: M-24508-2024

Preimpresión: MCF Textos, S. A.
Impresión: Estugraf, S.L.

Este libro ha sido sometido a una revisión ciega por pares.

Índice

Introducción

En este trabajo, me referiré a la filosofía escolástica, tanto medieval como posmedieval, porque creo que nos dejan elementos aprovechables para nuestro tiempo. He elegido a algunos de los representantes más connotados de este tipo de pensamiento, san Buenaventura y santo Tomás, porque se complementan: uno es más cordial y el otro, más intelectual, pero ambos fueron dignos representantes del pensamiento analógico de la Edad Media de maneras distintas. En la parte ético-jurídica, sobresale Francisco de Vitoria, de la escuela de Salamanca. Junto con él, va Domingo de Soto, que además fue excelente en lógica. Exponentes un poco más tardíos de la metafísica fueron el jesuita Francisco Suárez y el dominico Juan Martínez de Prado, pero ambos muy profundos. Y, para cerrar, tres ejemplos de la lógica en los medios dominicanos: Antonio Goudin, del siglo XVII, y Froylán Díaz y un anónimo, del siglo XVIII. Todo eso nos hará ver lo consistente que fue la escolástica a través de los siglos.

Comenzaré con la metafísica, ya que es la parte fundamental de la filosofía. Así, primero abordaré esta disciplina en san Buenaventura, cuya postura es ejemplarista, as decir, plantea ideas divinas ejemplares para todas las cosas, y eso anima su sistema completo.

Pasaré al sistema filosófico de santo Tomás, que tiene como base también el tema de los universales, pero él los ve más en la línea aristotélica que en la platónica. Aunque admite ideas ejemplares en Dios, su solución es realista intermedia.

La metafísica fundamenta la filosofía moral, por eso estudiaremos algunos planteamientos éticos, pero lo haremos al trasluz de la hermenéutica, ya que esta, a pesar de que ha sido vista como diluyendo a la metafísica, es al revés: la apoya y nos muestra la necesidad que tenemos de ella. Será la moral de santo Tomás, y, asimismo, algunos comentarios que a ella le hizo Francisco de Vitoria, eminente discípulo del Aquinate en el Renacimiento.

Se intercalará, además, un estudio sobre ética de la economía en la escolástica. Dos serán nuestros paradigmas: Pierre de Jean Olivi y Francisco de Vitoria. El primero, franciscano, aplica el ideal de pobreza de su orden al campo del comercio, pero con espíritu abierto. Por su parte, Vitoria manifiesta su sólida prudencia en la resolución de las dudas que surgen en este ámbito.

Seguiremos con Domingo de Soto, gran seguidor de santo Tomás y compañero de Vitoria en Salamanca. Primero, veremos su filosofía del derecho y su filosofía política; después, su lógica formal. En todos esos rubros, fue un clásico y nos proporcionará lecciones muy aprovechables.

Alumno, a su manera, de la escuela de Salamanca, Francisco Suárez difundió las doctrinas de esta. A través de él, que fue muy editado y leído, esta influyó sobre la modernidad. Por eso, será conveniente destacar algunos de esos casos en los que se dio ese influjo.

Viene después un tema curioso pero importante: el de la necesidad de la metafísica, según lo estudió Juan Martínez de Prado, dominico del siglo XVII, que se puede situar en plena escolástica barroca. Todavía puede dar lecciones a la filosofía de nuestro tiempo.

Pasaremos a continuación a tres manuales de lógica de los siglos XVII y XVIII. Del primero, se elegirá a Antonio Goudin; del segundo, a Froylán Díaz y un anónimo. Ellos nos muestran cómo se continuó la enseñanza de las ideas de Soto, adaptadas a la nueva mentalidad moderna que surgía.

Terminaremos la obra con unas conclusiones que nos digan qué hemos aprendido y una bibliografía que nos oriente en las lecturas relativas a esos temas.

Sobre el pensamiento de san Buenaventura

INTRODUCCIÓN

San Buenaventura, junto con santo Tomás, fue uno de los pilares de la filosofía escolástica medieval. Aunque en la orden franciscana se prefirió a Escoto, Buenaventura marcó de manera especial la espiritualidad de esa escuela, y lo hizo porque fue un eminente filósofo, además de teólogo. Esto se ve en su construcción de la metafísica. Abordaré aquí tres puntos que me parecen esenciales en el pensamiento de san Buenaventura: el ejemplarismo, la teología mística y el analogismo. En efecto, aun cuando a veces se han contrapuesto el ejemplarismo y el analogismo, nuestro santo supo combinar ambas posturas para llegar a una síntesis adecuada. Siempre se lo considera en relación con santo Tomás y, aun cuando mantuvo con él diferencias, nos aporta muchos elementos que pueden complementarlo.

EL EJEMPLARISMO

Algo muy aceptado es que el sistema de san Buenaventura es ejemplarista.[1] Se llama así porque se basa en Dios como causa de todas

---

[1] C. Valderrama Andrade, *Filosofía ejemplarista. Acercamiento al pensamiento de san Buenaventura*, Santafé de Bogotá: Universidad de san Buenaventura, 1993, pp. 13 ss.

las cosas de manera formal ejemplar, es decir, no como forma substancial de estas (que eso sería panteísmo), sino como el que contiene
sus formas ejemplares. Ellas se encuentran en las cosas como formas nativas, esto es, como formas incardinadas en la materia. Aquí
veremos el ejemplarismo bonaventuriano en sus *Colaciones sobre el
Hexaémeron*, aunque lo expone en muchas otras partes. Es una obra
filosófico-teológica, de la que entresacaremos su metafísica.

San Buenaventura considera que la metafísica trata del ente, de
los trascendentales, de las categorías y de las causas, pero todo ello
en relación con Dios, ya que es la causa eficiente y ejemplar (así
como final) de la creación.[2] El verdadero metafísico se coloca en la
trascendencia divina, al modo de Platón y los neoplatónicos; por eso,
nuestro santo dice que Platón fue un verdadero metafísico, a diferencia de Aristóteles, que se quedó en filósofo natural.

Efectivamente, el neoplatonismo cristiano, capitaneado por san
Agustín, veía a Dios como causa ejemplar de las cosas, porque no
solamente las había creado y era su fin, sino que las había hecho conforme a los paradigmas o arquetipos de estas que contenía su mente
divina. Pero lo hacía con su Verbo, que es el Hijo de Dios, Jesucristo.
Por eso, san Buenaventura coloca a Cristo como el que expresa ese
Verbo o Palabra; es el medio por el que son hechas las cosas y, por lo
mismo, el medio en el que las conocemos. Dice:

> Por donde, teniendo las cosas el ser en su propia especie, y en la mente
> humana, y en la razón eterna, y su ser sea mudable en el primero y
> segundo modo, porque todo lo creado es vertible y la inmutabilidad solo
> existe en el Hijo de Dios, que es el arte y razón de todos los seres vivien-
> tes, necesariamente se sigue que las cosas conocibles de ningún modo
> tienen inmutabilidad si no es del modo que existen en el Verbo eterno;
> por consiguiente, ninguno puede enseñar ni tampoco hacer que las
> cosas sean verdaderamente conocibles si no media el Hijo de Dios.[3]

---

[2] S. Buenaventura, *Colaciones sobre el Hexaémeron o Iluminaciones de la
Iglesia*, I, 13; en *Obras de san Buenaventura*, t. III, Madrid: BAC, 1947, pp. 186-187.

[3] Ídem, *Excelencia del magisterio de Cristo*, en *Obras*, t. I, Madrid: BAC,
1945, p. 713.

Jesucristo es la llave de la ontología y de la epistemología.

Así pues, el Padre engendra al Hijo o Verbo, que es imagen suya, por lo que en él expresó todo lo que Él es y lo que contiene su pensamiento, a saber, todas las cosas, tanto las actuales como las posibles.[4] Por eso, el Verbo, encarnado en Jesucristo, es la clave de bóveda de la metafísica bonaventuriana.

En efecto, el Hijo, Verbo o Jesucristo es el mediador entre Dios y nosotros, tanto en la metafísica, porque fue al que Dios Padre encargó la creación, como en la teoría del conocimiento, porque es el que nos da la iluminación; es como un medio silogístico probatorio.[5] Se trata, pues, de una metafísica ejemplarista, centrada en la causa formal ejemplar, radicada en Cristo, luz que ilumina al hombre.

Las ideas ejemplares que están en la mente divina pueden llamarse también «reglas» por cuanto contienen los principios de la realidad. Son la ley eterna que se encuentra en Dios mismo.[6] Nos conducen al conocimiento de Dios, porque de Él proviene la iluminación cognoscitiva gracias a la cual nos acercamos a su esencia, sin llegar nunca a ella.

Esa iluminación es la sabiduría que proporciona Cristo y es algo que se puede obtener a partir de las creaturas, las cuales nos muestran a Dios, porque en ellas se ha expresado.[7] Pero la verdadera sabiduría, para san Buenaventura, es la que nos concede Cristo a través de la contemplación de sus misterios y la iluminación mística que nos da.

Así pues, se trata de un saber espiritual, de una contemplación mística que nos lleva al *summum* de la filosofía, a la metafísica más excelsa. Solamente la fe y la oración pueden alcanzarla.[8] San Buenaventura, como ya se ha captado, relaciona muy estrechamente

---

[4] Ídem, *Colaciones sobre el Hexaémeron*, I, 16; ed. cit., p. 189.
[5] Ibíd., I, 17; ed. cit., p. 189.
[6] Ibíd., II, 10; ed. cit., p. 211.
[7] Ibíd., II, 21; ed. cit., p. 219.
[8] Ibíd., III, 4; ed. cit., p. 233.

la fe y la razón, la teología y la filosofía. Su metafísica raya con la mística; por eso, influyó sobre teólogos espirituales.[9] Cristo, el Hijo o el Verbo, es el análogo del padre, su ícono; es la Idea de la mente divina, el ejemplar de todo lo creado y más. Ya desde san Agustín se veía esto por comparación con la producción del concepto.[10] Cristo es la Idea, pero contiene en sí todas las ideas ejemplares.

Desde el Prólogo al Evangelio de san Juan, recuperado por san Agustín en su magna construcción del neoplatonismo cristiano, se sabe de la ejemplaridad ontológica del Verbo, que es con el que Dios realiza la creación. Todas las cosas por medio de Él fueron creadas.[11] Las ideas ejemplares están desde la eternidad en el Verbo Divino y por medio de él se plasman en la materia. Él es el creador propiamente y crea de acuerdo con los prototipos o arquetipos que son sus ideas ejemplares.

Al ser Él ejemplar, Dios produce todas las cosas en el tiempo, siendo Él eterno.[12] Así, el Verbo Divino es la Idea que representa todas las cosas, las cuales son expresadas en Él, y a través de Él se realiza la creación.

Por lo tanto, queda reafirmado que el Verbo de Dios es la causa ejemplar de las creaturas.[13] Contiene en sí mismo las ideas ejemplares conforme a las cuales son creadas todas las cosas. Tal es el núcleo del ejemplarismo, de una metafísica centrada en las ideas ejemplares o arquetípicas.

Y esto se conecta, por supuesto, con la creación en el tiempo, algo que san Buenaventura defendía mucho, en contra de los que hablaban de la eternidad del mundo o de una creación desde la eternidad,

---

[9] M. Andrés Martín, «Influencia de san Buenaventura en la mística española de la Edad de Oro», en M. de Castro, Á. Huerga y M. Andrés, *san Buenaventura*, Madrid: Fundación Universitaria Española, 1976, pp. 105 ss.

[10] S. Buenaventura, *Colaciones…*, III, 4; ed. cit., p. 234.

[11] Ibíd., III, 4; ed. cit., p. 235.

[12] Ibíd., III, 6; ed. cit., p. 235.

[13] Ibíd., XII, 2; ed. cit., p. 397.

pero que él colocaba en el inicio temporal.[14] Por lo demás, si algo no es natural, es artificial; por eso, la creación, al no ser de la misma naturaleza que Dios, depende de su arte; y ese arte es el que está en su mente divina, en el Verbo, que es por el que se expresa y realiza la creación. Consiste en las ideas ejemplares divinas.

Además de ser creador, Dios es providente. Esa providencia la ejerce a través de su conocimiento del universo, es decir, por medio de sus ideas ejemplares, por las que establece leyes que regulan todo.

> Asimismo, porque es causa que conserva, es guía que gobierna. Preside, en efecto, para dirigir todos los actos, según son gobernables; no como el artífice, que abandona la casa, sino que, por el contrario, conserva y dirige las cosas. Por esto tiene en sí normas directísimas. Ni es el mismo el modo como la criatura emana del Creador, según formas o razones expresivas, y el modo según el cual emanan de la mente divina las reglas para la conservación de las mismas según la dirección de esas reglas eternas.[15]

La conservación del mundo y su dirección, es decir, la providencia, nos atestiguan que hay unas ideas y principios divinos por los que todo es regulado.

Puesto que Dios es creador y providente, conoce todas las cosas, y esto a través de su Verbo, o Hijo, que es el Cristo. Por eso, Cristo es el verdadero maestro de los hombres, porque a través de sus ideas ejemplares ilumina las mentes humanas y les da conocimiento.[16] Algo en lo que insiste mucho san Buenaventura es en que Cristo es el único maestro verdadero, es el que enseña todas las ciencias o artes, porque las lleva en su ciencia y en su arte. Este magisterio de Cristo lo expone nuestro santo en otras partes, sobre todo en unos opúsculos escritos con ese propósito.[17]

---

[14] Ibíd., XII, 3; ed. cit., p. 397.

[15] Ibíd., XII, 4; ed. cit., p. 397.

[16] Ibíd., XII, 5; ed. cit., pp. 397-399.

[17] S. Buenaventura, *Cristo, maestro único de todos*, n. 6 ss., en *Obras*, t. I, ed. cit., pp. 681 ss.

Finalmente, además de ser creador y providente, Dios es juez y aplica su misma ley eterna a través de la ley natural y las leyes divinas, que no pueden sino ser muy justas.[18] Esas leyes corresponden a la ejemplaridad de la ley eterna, que se manifiesta en la ley natural y tiene que plasmarse en las leyes positivas, es decir, en las humanas, como sucede con las divinas.

LA TEOLOGÍA MÍSTICA

San Buenaventura es resumen y floración de la mística franciscana.[19] Está en la línea del neoplatonismo cristiano, que tiene como paradigma a san Agustín. Es decir, se basa en su propio ejemplarismo y lo impulsa hacia las alturas más elevadas que puedan pensarse.

La teología mística de san Buenaventura, de acuerdo con la estructura ejemplarista de su sistema, tiene a Cristo como núcleo. Es Dios, en su Santísima Trinidad, el que permite al hombre participar de esa vida. Y, aun cuando el encargado de hacerlo es el Espíritu Santo, lo hace por mediación de Jesucristo.

Los medios son los de siempre: la purificación, la oración y la meditación, que llevan a la contemplación. Se basa en la gracia, que es la que construye nuestro organismo sobrenatural, primero como gracia habitual, a la que se añaden las virtudes teologales y cardinales, y a ellas los dones del Espíritu Santo. Para muchos escritores espirituales, la verdadera vida mística es la práctica de esos dones.

Por eso, es importante atender a la doctrina bonaventuriana de los dones del Espíritu Santo, ya que en ellos se concentra lo más granado de la vida espiritual. En efecto, nuestro santo tiene una reflexión muy amplia y profunda acerca de ese tema.[20]

---

[18] Ídem, *Colaciones...*, XII, 6; ed. cit., p. 399.

[19] E. Longpré, «La théologie mystique de Saint Bonaventure», en *Archivum Franciscanum Historicum*, vol. XIV, fasc. 1-2 (1921), p. 39.

[20] J. Bonnefoy, *Le Saint-Esprit et ses dons selon Saint Bonaventure*, París: Vrin, 1929, pp. 60 ss.

Hay tres vías en la vida del espíritu, que son la meditación, la oración y la contemplación. Hay tres grados: principiantes, aprovechados y perfectos. Y hay tres cimas: el sopor de la paz, el esplendor de la verdad y el dulzor de la caridad. La meditación consiste en reflexionar, la oración es la plegaria y la contemplación es la mirada intuitiva y tranquila por la que el alma se concentra en una verdad adquirida o en el goce reposado de un afecto y allí se detiene. Porque hay que asemejarse a los bienaventurados en sus dotes: el reposo de la paz, el esplendor de la verdad y la dulzura de la caridad. Así, la mística se realiza en los viadores como las bienaventuranzas. Según se ve, se trata de una aplicación del ejemplarismo a la vida espiritual y la mística.

Y la clave de todo es Jesucristo; primero, en el conocimiento del Verbo increado, pues por él son producidas todas las cosas; en el conocimiento del Verbo encarnado, pues por él son reparadas todas las cosas, y en el conocimiento del Verbo inspirado, pues por él son reveladas todas las cosas. La clave del ejemplarismo es el Verbo, y a este solo se lo puede conocer por la fe. Por eso, nos conduce a la teología, cuyo culmen es la mística.

Así pues, el aspecto principal de la vida mística es la práctica de los dones del Espíritu Santo. En efecto, Él puede ser, además de una persona de la Santísima Trinidad, un don, pues es el encargado, en ella, de efectuar la deificación del ser humano. San Buenaventura dice: «El Espíritu Santo es el dador de las gracias, y es también el amor que procede del Padre y del Hijo. Por lo cual todo lo que hace el Padre, todo cuanto padece el Hijo, nada es ni significa sin el Espíritu Santo; pues Él es el lazo divino que nos une al Padre y al Hijo».[21] La gracia que Él nos da se fortalece con las virtudes teologales y cardinales, y ellas son afianzadas por los dones del Espíritu Santo.

La gracia que nos da el Espíritu Santo es la gracia habitual, que es la que nos hace gratos a Dios. Las virtudes teologales que la refuerzan son la fe, la esperanza y la caridad, y las virtudes cardinales

---

[21] S. Buenaventura, *Los dones del Espíritu Santo*, I, 7; Buenos Aires: Cursos de Cultura Católica, 1943, pp. 25-26.

son la prudencia, la templanza, la fortaleza y la justicia. A ellas se añaden los dones, que son sabiduría, inteligencia, ciencia, consejo, piedad, fortaleza y temor de Dios. A la fe le corresponde el don de inteligencia; a la esperanza, el de ciencia; a la caridad, el de sabiduría; a la prudencia, el de consejo; a la templanza, el de temor de Dios; a la fortaleza, el del mismo nombre, y a la justicia, el de piedad.

El don de inteligencia nos hace comprender las cosas divinas; el don de ciencia, esperar las cosas de arriba, dándonos cuenta de lo poco que valen las de acá abajo; el don de sabiduría es la contemplación de esos misterios, es la vida mística; el don de consejo es la capacidad de ayudar a esclarecer los casos difíciles; el don de temor de Dios es un respeto amoroso al Altísimo; el don de fortaleza nos hace mantenernos firmes hasta la perseverancia final, y el don de piedad nos hace tributar a Dios la religiosidad que se le debe en justicia.

Después de Alejandro de Hales, san Buenaventura es el modelo o *speculum* de la corriente agustiniano-franciscana, lo cual se ve en su opúsculo sobre los dones del Espíritu Santo, en forma de colaciones o pláticas.

Nuestro santo fundamenta la existencia de los dones en el lugar tan conocido de Isaías (11, 2-3). Según san Buenaventura, los dones consiguen un doble efecto: 1) destruir todos los males y 2) hacer al hombre capaz de toda obra buena.

> Y como la fortaleza [según san Juan, *Apoc.* 5, 6] está simbolizada en los cuernos de los animales, por eso a los dones, mediante los cuales se *destruyen todos los males*, se les da el nombre de *cuernos*. De igual modo, como en los ojos hay cierta virtud que nos hace capaces de percibir los objetos, por esta razón aquellos otros dones, mediante los cuales el hombre *se hace capaz de practicar el bien*, los llama san Juan *ojos*.[22]

Siguiendo a san Agustín, san Buenaventura establece ciertas correspondencias. Cada don combate un pecado capital y atrae una

---

[22] Ibíd., II, 2; ed. cit., pp. 52-53.

bienaventuranza. Así, el don de temor combate la soberbia y atrae la pobreza voluntaria o de espíritu; el don de piedad combate la envidia y atrae la mansedumbre; el don de ciencia combate la ira y atrae el llanto; el don de fortaleza combate la pereza y atrae el hambre y la sed de justicia; el don de consejo combate la avaricia y atrae la misericordia; el don de entendimiento combate la gula y atrae la pureza de corazón, y el don de sabiduría combate la lujuria y atrae la paz. También enlaza los dones con las virtudes y expone de qué manera se piden estos en la oración dominical o padrenuestro.

Así, el don de temor se pide con la frase «Padre nuestro que estás en los cielos, santificado sea tu nombre». El don de piedad, con «Venga tu reino». El don de ciencia, con «Hágase tu voluntad en la tierra como en el cielo». El de fortaleza, con «Danos hoy nuestro pan de cada día». El don de consejo, con «Perdona nuestras ofensas, como también nosotros perdonamos a los que nos ofenden». El don de entendimiento, con «No nos dejes caer en la tentación», y el don de sabiduría, con «Mas líbranos de todo mal». Esto es, en esquema, la estructura del padrenuestro. Saber que el fondo de las peticiones es la gran petición del Reino y que el Reino es caridad, forma de todos los elementos sobrenaturales, ayuda a recitar con más devoción y gozo la plegaria.[23] En cuanto al don de ciencia, en la colación IV, san Buenaventura habla de recibir el conocimiento de las cosas divinas. Dice:

> «¿Por ventura conoces tú las sendas de las nubes, o tienes conocimientos grandes y perfectos?» (Job, 37, 16). En estas palabras *grandes veredas,* SEMITAS MAGNAS, se hace alusión sin duda a las ciencias *filosófica* y *teológica,* llamadas con razón *grandes,* porque comprenden en sí otra multitud de ciencias secundarias, que vienen a ser como sus auxiliares; y en cambio, con aquellas otras palabras *conocimientos grandes y perfectos,* claro está que se quieren significar las otras dos ciencias, la *infusa* y la *gloriosa.* También se puede entender por la expresión *sendas de las nubes, la ciencia de los varones perfectos,* porque al modo que las nubes

---

[23] Ibíd., II, 4-5; ed. cit., pp. 55-58.

se forman por la elevación a lo alto de los vapores que produce el calor, así también los varones perfectos se elevan por la abstracción mental de todo lo terreno.[24]

Y enseguida analiza lo propio de cada ciencia humana, o filosófica, todas las cuales se pueden llevar o reducir a la teología.[25]

LA ANALOGÍA EN SAN BUENAVENTURA

Como nos lo dice la metafísica bonaventuriana, Dios expresó todo en Cristo. Él es el principio del ser y del conocer. Por eso, todo lo que se sabe es por su verdad inmutable, invencible e incoercible.[26] La clave de todo ejemplarismo es el Verbo, y a este solo se lo conoce por la fe.

El ejemplarismo nos mueve a ver cómo resplandece Dios en las cosas, pues es el creador de ellas. Además, es el gobernador de los actos, el doctor de las inteligencias y el juez de los méritos. Así, las cosas tienen tres modos de existir: en la mente humana, en su propia entidad y en el arte eterno. Esta última manera es la más perfecta; por eso, mientras no se penetre esa existencia de las cosas en el arte eterno, es imposible comprender la existencia de estas en su entidad propia y en la mente humana. Es la clave de todo saber sobre los seres.[27]

Étienne Gilson habla de una analogía universal en san Buenaventura.[28] Pero hace la aclaración de que el concepto de analogía de nuestro santo es diferente del de santo Tomás. Buenaventura parte del acto de la creación, el Dios creador se manifiesta en sus creaturas: ellas son su imagen, sus análogas, sus íconos.

---

[24] Ibíd., IV, 4; ed. cit., p. 126.

[25] Ídem, *Reducción de las ciencias a la teología*, n. 26; en *Obras*, t. I, Madrid: BAC, 1945, p. 667.

[26] Ídem, *Colaciones sobre el Hexaémeron*, I, 13; ed. cit., pp. 185-187.

[27] M. Oromí, «Introducción general: filosofía ejemplarista de san Buenaventura», en *Obras de san Buenaventura*, t. III, Madrid: BAC, 1947, p. 13.

[28] É. Gilson, *La filosofía de san Buenaventura*, Buenos Aires: Desclée de Brouwer, 1948, p. 199.

La creatura tiene un ser derivado de Dios, participado, analogado. No puede ser equívoco, porque entonces no lo expresaría a Él, ni haría llegar a Él; pero tampoco puede ser unívoco, porque no habría participación del ser. Y es producto de la participación que Dios da del ser a las creaturas.

Un tipo de analogía es el de modelo y copia. Imágenes son los seres engendrados por imitación. Y la analogía es resultado de la creación. La gradación de los seres desde el más ínfimo hasta Dios sería innumerable. Pero se pueden ordenar en relación a cómo está presente Dios en ellos. Así, hay grados en número finito. La presencia de Dios podría hallarse 1) en las cosas sensibles, 2) en los seres espirituales —las almas y los espíritus puros— y 3) en el alma humana unida a Él.[29]

En estos grados de analogía, se encuentran la sombra, el vestigio y la imagen. La sombra es representación lejana y confusa de Dios, el vestigio es representación lejana pero distinta y la imagen es representación próxima y distinta. Así, las creaturas son sombras de Dios como causa en general, el vestigio es un ser creado referido a Dios como causa eficiente, ejemplar o final y la imagen se refiere a Dios no solo como causa, sino también como objeto.

La creatura es sombra que conduce a los atributos que son comunes a las tres personas divinas, como el ser, la vida y la inteligencia. Es vestigio si lleva a los atributos comunes, pero apropiados a alguna de ella, como el poder al Padre, la sabiduría al Hijo y la bondad al Espíritu Santo. Es imagen si conduce a los atributos propios, como la paternidad al Padre, la filiación al Hijo y la espiración al Espíritu Santo. Además:

> Las creaturas espirituales son imágenes de Dios, puesto que es su objeto, pero a la vez son también vestigios y sombras, pues es su causa, y lo es en los tres géneros de causa dichos. En cambio quien posee lo menos no ha de poseer necesariamente lo más; y por lo mismo las creaturas materiales podrán ser sombras o vestigios de Dios, pero en manera alguna sus imágenes, por lo mismo que no es Él su objeto.[30]

---

[29] Ibíd., p. 203.
[30] Ibíd., p. 205.

En ese orden de analogías o semejanzas nos remiten las cosas a Dios. La única semejanza substancial del Padre es el Verbo, y las creaturas son semejanzas suyas solo por participación.

Las creaturas son como un libro escrito por Dios y tenemos que aprender la clave de su lectura. «Cuando el alma ve, pues, estas cosas, le parece que debería pasar de la sombra a la luz, del camino al término, del vestigio a la verdad, del libro a la verdadera ciencia que hay en Dios. El leer este libro es propio de los altísimos contemplativos, no de los filósofos naturales, porque éstos solo saben la naturaleza de las cosas, no en cuanto son vestigio».[31] Es decir, las creaturas pueden considerarse cosas o signos.

Las creaturas espirituales son imagen de Dios, porque tienen conciencia de su analogicidad. En efecto, Dios se expresa, por eso debe haber creaturas que entiendan esa expresión; las creaturas no inteligentes no bastan, tiene que haber seres inteligentes: hombres y ángeles.

Entre las creaturas y el Creador, se da analogía de orden y también de proporción (o de relaciones). El hombre y sus efectos se relacionan entre sí como Dios con sus creaturas. Además, se da entre las operaciones del alma y las de la Trinidad, como lo aprovechara ya san Agustín. Son memoria, entendimiento y voluntad. Pues bien, la memoria remite al Padre; el entendimiento, al Hijo, y la voluntad, al Espíritu Santo.

El alma es imagen de Dios. Así, el alma: «En presencia del arquetipo mismo de su ser, ilumínase ella con claridad incomparable, conócese a sí misma como análoga al modelo perfecto que reproduce, y descubre su fundamento metafísico último en esa analogía que la asemeja a Dios. Por lo mismo, el alma humana no decaerá de su altísima dignidad nativa sino cuando se tome a sí misma como objeto».[32] Pues bien, si la imagen es una analogía muy cercana a Dios, todavía más cercana es la semejanza (más que la sombra, el vestigio e, incluso, la imagen).

---

[31] S. Buenaventura, *Colaciones sobre el Hexaémeron*, XII, 15; ed. cit., p. 403.
[32] É. Gilson, ed. cit., p. 217.

La semejanza es más profunda y se da entre dos cosas que comparten alguna cualidad. Esta se encuentra en el alma humana y es la gracia sobrenatural, divina, porque hace al hombre buscar su fin, hace al hombre deiforme. Es un don que lo hace no solamente su imagen, sino capaz de entrar en sociedad con Él. «Y de esta suerte, desde los ínfimos grados de la naturaleza hasta el punto supremo en que la creatura reformada se hace digna de unirse a Dios, el universo todo se nos muestra como sostenido, regido y animado por la analogía divina».[33] A esa metafísica, san Buenaventura añade una lógica; pero no la aristotélica, que es de demostración, y no de invención. Su lógica inventiva se desprende de la exégesis. Ya que la creación es un libro hecho por Dios como la Sagrada Escritura, hay que leerlo con los métodos de esta. Hay un sentido literal, otro alegórico, otro tropológico y otro anagógico. Debemos buscar en las creaturas, más allá de su literalidad, sus enseñanzas teológicas, morales y místicas. «Y así aparece que todo el mundo es como un espejo lleno de luces que muestran la divina sabiduría, y como un carbón que derrama luz».[34] Para esto se muestra incompetente la lógica aristotélica con su silogismo. «El único método que en tal caso puede manifestar alguna fecundidad es el razonamiento por analogía, y en especial el razonamiento de proporción».[35] Al igual que el verdadero metafísico ejemplarista, el verdadero lógico cristiano es el que pone a Cristo como centro de los razonamientos.

El mundo es, entonces, un libro. Allí se realiza lo que Gilson denomina «analogía universal de san Buenaventura». Las cosas pueden ser sombras de Dios o vestigios suyos o imágenes, e incluso semejanzas, cuando se dan del lado de los seres espirituales. Allí se encuentra privilegiada el alma humana, porque es lo que tenemos más cerca de nosotros y porque puede estar muy cerca de Dios.

---

[33] Ibíd., p. 220.

[34] S. Buenaventura, *Colaciones sobre el Hexaémeron*, II, 27; ed. cit., p. 221.

[35] É. Gilson, ed. cit., p. 222.

CONCLUSIÓN

Hemos encontrado en san Buenaventura un núcleo fuerte de su sistema en el ejemplarismo que profesa, de raigambre neoplatónico-cristiana, como en san Agustín y san Anselmo, pero también en la línea de la escuela de san Víctor. Asimismo, pudimos constatar que ese ejemplarismo, como metafísica del Verbo, llega hasta su teología mística y se vincula con el analogismo, es decir, con un uso de la analogía semejante al de santo Tomás, pero también con sus diferencias, como hemos marcado.

Eso nos indica la fuerza del concepto de la analogía en la filosofía. Hay toda una racionalidad analógica en san Buenaventura, al igual que en el Aquinate. Es algo que necesitamos hoy en día, en que estamos atenazados por filosofías unívocas, como la del positivismo, y equívocas, como la del posmodernismo, y necesitamos una mediación analógica para salir adelante.

El realismo metafísico, clave de la filosofía de santo Tomás

INTRODUCCIÓN

Como vimos en el capítulo anterior, san Buenaventura fue uno de los principales filósofos medievales. Fue por su uso tan diestro de la analogía, en forma de ejemplarismo. Pues bien, santo Tomás de Aquino fue más propiamente analogista; por eso, nos podrá servir de modelo, para captar los beneficios de una filosofía analógica, algo que estamos necesitando en nuestra época, ya cansada del *impasse* entre filosofías unívocas, demasiado racionalistas, y equívocas, en exceso relativistas.

Así, a continuación, trataré del realismo metafísico de santo Tomás. Este realismo tiene dos caras, una ontológica y otra gnoseológica o epistemológica. La ontológica es el fundamento de la otra, y por eso comenzaré con ella. El lado ontológico es su teoría de los universales, esto es, el estatuto ontológico de nuestros pensamientos o ideas. Y el lado gnoseológico o epistemológico es su teoría de la verdad en el conocimiento.

LA TEORÍA DE LOS UNIVERSALES EN SANTO TOMÁS

Veamos, pues, la teoría de los universales en santo Tomás y comencemos definiendo el universal así: «El universal es algo uno en muchos y de muchos».[36] Que esté en muchos significa la naturaleza que es común a muchos individuos, está en ellos porque los caracteriza, se realiza en ellos y también puede abstraerse de ellos. Y que es de muchos significa que se puede predicar de ellos. Así, la naturaleza *hombre* se realiza en los individuos humanos y también se predica de ellos.

La naturaleza es el universal metafísico; mas, por estar en la cosa, es solo universal en potencia y como fundamento del verdadero universal, que es el que se relaciona con sus inferiores y se puede predicar de ellos, el universal lógico. Y, por ser predicable, el universal lógico es un ser intencional,[37] es decir, con existencia mental, cuyo origen es la abstracción y la comparación del intelecto y cuya finalidad es el conocimiento. Ser una intención es lo mismo que ser un concepto.

Ya que la intención puede ser primera o fundamental y segunda o fundamentada, hay tres clases de universal: material o en la cosa, metafísico o fundamental y lógico o fundamentado en el anterior.

En efecto, santo Tomás habla de un triple universal: uno es el que está en la cosa, y es la naturaleza que está en los individuos, aunque no es universal en ellos en acto, solo en potencia; otro es el que ha sido abstraído de las cosas, el cual es universal en acto, y otro es el que es anterior a la cosa, como la forma de la casa cuando está en la mente del constructor.[38]

Los escolásticos llegaron a distinguir cuatro tipos de universal:[39]

a) *Universale in causando*, es decir, lo uno como causa de muchos efectos, a los cuales puede producir como causa eficiente, ejemplar o final. Y el prototipo de este universal es Dios.

b) *Universale in significando*, es decir, lo uno designando a muchos a través de las palabras exteriores (*verba oris*) o signos

---

[36] I. Gredt, *Elementa Philosophiae aristotélico-thomistae*, Barcinonae: Herder, 1956 (11.ª ed.), vol. I, pp. 93-94.

[37] Sto. Tomás, *In I Sent.*, dist. 33, q. 1, a. 1, ad 3m.

[38] Ídem, *In II Sent.*, d. 3, q. 3, a. 2, ad 1m.

[39] I. Gredt, ed. cit., vol. I, pp. 114 ss.

materiales, que son términos o voces universales. Este signo universal podía ser: 1) signo colectivo, en el sentido de signo de multitud, o 2) signo metafísico, en el sentido de signo de unidad del ente.

c) *Universale in repraesentando*, es decir, lo uno representando a muchos a través de los signos formales interiores a la mente, como se consideraba a las palabras interiores (*verba mentis*) o conceptos formales universales, que son los mismos conceptos como elementos de representación (esto es, en tanto resultados de la actividad mental).

d) *Universale in essendo*, es decir, lo uno por cuanto expresa la unidad del ente (ya en sentido trascendental, ya en sentido categorial), que es en muchos como su forma o naturaleza. Es la naturaleza de la cosa, que es una razón objetiva, a saber, un concepto objetivo (lo que se contiene en un concepto formal), por eso corresponde al concepto objetivo universal.

Este universal puede ser tomado de dos maneras: 1) Según la primera intención cognoscitiva, que se refiere al ente real y, entonces, está constituido por la naturaleza (actual o potencial) de la cosa real. Se consideraba, así, metafísicamente y se trataba del universal *in essendo* propiamente dicho. 2) Según la segunda intención cognoscitiva, que se refiere al ente de razón y, entonces, está constituido por la naturaleza en tanto predicable o predicamental. Se consideraba, así, lógicamente y se trataba del universal *in praedicando*.

Veamos ahora el realismo metafísico de santo Tomás señalando el estatuto ontológico del universal, según cada uno de estos tipos:

a) El universal *in causando* corresponde a una entidad individual por cuanto que la causación es una operación y la operación solo pertenece a las substancias completas e individuales, llamadas «supuestos» (según el principio *actiones sunt suppositorum* 'las acciones son de los individuos').

b) El universal *in significando* corresponde a una entidad individual, a un signo —y el signo es una cosa individual, con su corporeidad propia: acústica o gráfica—, que puede ser signo de la unidad que tiene una multitud (signo o término colectivo, signo o término distributivo) o signo de la unidad que tienen muchos individuos agrupados bajo una esencia (signo o término esencial; por ejemplo, *hombre*).

c) El universal *in repraesentando* corresponde a una entidad individual, a un concepto (formal), que es el resultado de un acto de la mente y aquello por lo cual es posible concebir un contenido conceptual; en tanto entidad, el concepto formal es un accidente que ocurre en el alma, producto de la facultad y la actividad intelectivas.

d) El universal *in essendo* corresponde a una entidad individual y a la vez universal, a saber, la naturaleza, que se llama también «concepto objetivo» por cuanto es el contenido del concepto formal. Es individual porque corresponde a algo que se puede conceptualizar, y el concepto es una entidad individual que existe en la mente. Es universal porque corresponde a algo existente en muchos individuos, a los que se comunica y se aplica, y se halla distribuido entre ellos. Es en este nivel donde se centra con propiedad el problema fuerte de los universales, a saber, el de su estatuto ontológico: concretamente, en la dualidad de ser algo individual (concepto) referido a muchos entes realmente distintos (fundamento *in re*) y, por lo mismo, algo universal.

Para la razón de universal *in essendo*, se requieren dos cosas: unidad y comunicabilidad.

Es uno en cuanto naturaleza *una*: es la naturaleza de muchas cosas por cuanto abstrae de las diferencias de sus inferiores, por lo cual tiene una unidad de abstracción. Es comunicable en cuanto *esta* naturaleza concreta: tal naturaleza se comunica a muchos o está en muchos por cuanto se identifica con ellos y se multiplica en ellos, es decir, se multiplica en sus inferiores y se encuentra en dichos inferiores comunicada con ellos.

Por tanto, las acepciones base del universal son el universal *in repraesentando* (concepto formal universal) y el universal *in essendo* (concepto objetivo universal). Pero se toma el universal propiamente en el sentido de universal *in essendo* y es el que entra en consideración principalmente, aunque los demás entren para aclararlo. El universal hace posible la ciencia.[40] Inclusive, vale decir que, mientras más universal es la ciencia, más se acerca a la sabiduría. Y tal es la metafísica.

Además, la metafísica tomista sustenta su posibilidad en el realismo de los universales. El universal se contrapone al singular o individuo, cuya realidad es de suyo evidente. El conocimiento veraz de una cosa individual es aceptado sin reservas como real, por la velada aceptación de lo individual como real.

Al contraponerse lo universal a lo individual, el logro del universal consistiría en la remoción de aquello que constituía para la cosa su principio de individuación. Tal es la materia.

La configuración del universal es una manera de agrupar muchas cosas en una sola; pero no se queda en mera aglomeración de cosas, trasciende hasta un nuevo ser concreto pero general (el concepto), cuyo conocimiento concreto nos brinda el de los seres que en él se contienen.

Eso corresponde a la idea desconcertante, pero en la línea de Aristóteles, que asegura que el filósofo, el cual posee la ciencia de lo general, posee también, en cierta manera, la de lo particular. Es decir, en potencia, pues puede ir aplicando a lo individual lo que conoce de modo general.

LA TEORÍA DE LA VERDAD EN SANTO TOMÁS

El otro aspecto del realismo metafísico de santo Tomás es su teoría de la verdad, a la que pasaremos. En primer lugar, para santo Tomás, la verdad es un concepto análogo, es decir, puede entenderse de diversas maneras. De un modo, se trata de la verdad de las cosas, que es lo que llegó a llamarse «trascendental *verum*» o «propiedad

---

[40] Sto. Tomás, *In De sensu et sensato*, lib. unic., lect. 15.

trascendental y universalísima del ente», en el sentido de inteligibilidad de las cosas. Pero, de un modo más propio, se trata de la verdad que se da en el intelecto. Y, de un modo mucho menos propio, se habla de la verdad práctica o de la verdad moral, por la que el intelecto hace las cosas según lo que ha deliberado. Santo Tomás dice:

La verdad se encuentra propiamente en el entendimiento humano o en el divino, como la salud en el animal. En cambio, en las otras cosas se encuentra por relación al entendimiento, como también la salud se dice de algunas otras cosas en cuanto causan o conservan la salud del animal. La verdad está en el entendimiento divino de manera propia y principal; en el entendimiento humano, de manera propia, pero secundaria; finalmente en las cosas, de manera impropia y secundaria, pues solo está allí por referencia a esas otras dos verdades.[41]

Por consiguiente, la verdad que santo Tomás llama «de las cosas» —que a veces se llama «ontológica»— es una verdad en sentido traslaticio, es la propia inteligibilidad o cognoscibilidad de los objetos, por lo cual aquí se da más bien una adecuación de las cosas al intelecto. En este contexto, la verdad —como trascendental *verum*, convertible con el ente— se reduce al mismo ser o entidad de las cosas, pues tanto tiene una cosa de cognoscibilidad como tiene de acto y tanto tiene de acto como tiene de entidad (y a la inversa). Esta es, pues, una verdad que podríamos llamar «ontológica», «material», «fundamental» o «sustentante de la verdad gnoseológica», a la cual se la tendrá que reconocer como verdad formal o propia, en el sentido más pleno de la verdad, que es la adecuación entre el intelecto y la cosa, por lo cual es la verdad del intelecto, no de la cosa misma.

De ahí que santo Tomás explique que la verdad y lo verdadero se pueden definir de tres maneras. Una definición se da según aquello que precede a la razón de la verdad y es aquello en lo cual se funda la verdad, a saber, se trata de la verdad de las cosas o verdad ontológica;

---

[41] Ídem, *De veritate*, q. 1, a. 4, c.

por ello, puede decirse que se trata de una definición impropia o material o fundamental, porque se da por parte del fundamento (al menos parcial) de esta. Este tipo de definición corresponde, según santo Tomás, a una de las que san Agustín asigna a la verdad, a saber, «verdadero es aquello que es». Otra definición es la que expresa la propia razón o constitutivo formal de la verdad, que será entonces la definición propia y formal esencial, por lo íntimamente constitutivo, esto es, lo gnoseológico; es la que santo Tomás atribuye (aunque erróneamente) a Isaac ben Israeli: «La verdad es la adecuación del entendimiento y de la cosa».[42] Y, finalmente, otra definición puede establecerse con base en el efecto que se sigue de la verdad formal; y será una definición también propia y formal, pero por el efecto formal primario, lo cual se encuentra en otra definición dada por san Agustín (y en parte por san Hilario), que dice: «La verdad es lo que manifiesta lo que es».[43] Aquí puede encontrarse una carga de verdad pragmática, así como en la anterior se veía la semántica o plenamente correspondentista.

Todas estas definiciones giran en torno a la adecuación, pero solo una la expone directamente, pues la primera definición la expresa como causa material, a saber, la que hemos llamado «verdad de las cosas», la cual es causa y substrato de la adecuación por cuanto la inteligibilidad es la raíz y fundamento de la adecuación entre el intelecto y la cosa. Y la tercera definición se refiere al efecto de la verdad, aun cuando sea el efecto formal, que se acerca mucho a lo esencial de la verdad, puesto que dimana de ella; pero no es lo esencial y formal de la verdad, dado que es aquello que la manifiesta, y lo que la manifiesta es, en el caso del hombre, la convención y el intelecto práctico —el cual manifiesta al propio intelecto especulativo—. Por

---

[42] Sobre la falsedad de la atribución de esa definición a Isaac ben Israeli, véase S. Rábade Romeo, *Verdad, conocimiento y ser*, Madrid: Gredos, 1965, p. 38. Jesús García López menciona una definición que da Avicena muy parecida a la que se atribuye a Isaac; véase J. García López, *Doctrina de santo Tomás sobre la verdad. (Comentarios a la Cuestión I* De Veritate *y traducción castellana de la misma)*, Pamplona: Eunsa, 1967, p. 159, nota 16.

[43] Sto. Tomás, *De Veritate*, q. 1, a. 1, c.

ello, solo la segunda definición expresa el constitutivo esencial formal de la verdad, a saber, la adecuación del intelecto con la cosa, adecuación o correspondencia que constituye la esencia y forma de la verdad, y es el sentido en el que la establece de manera más propia santo Tomás.[44]

Y, dentro de los actos del entendimiento, la verdad está no en la simple aprehensión, que es conocimiento de lo incomplejo, sino en el juicio, que es la composición o división de conceptos, afirmando o negando. Los sentidos y la simple aprehensión son únicamente los preparativos del juicio. Y el mismo razonamiento no es otra cosa que un juicio mediato o, si se quiere, una concatenación de juicios reductible a la conclusión. De modo que la verdad viene a tener como sede y portador al juicio. Otra cosa es que el juicio —que es un acto mental— se expresa en enunciados.[45] Pero en el enunciado o el lenguaje, la verdad está como en su signo o efecto, mientras que en el juicio, en cuanto que acto de la mente y contenido suyo, está como en su sujeto y substancia propia. Del juicio es del que puede decirse con toda propiedad el predicado «es verdadero», y del enunciado también, pero solo en cuanto es signo del juicio. De manera que, ya que se encuentra en el enunciado como en un signo o efecto, y en el juicio como en su sede y substancia propia, la verdad tiene como portador apropiado al juicio del intelecto. Y vuelve a resplandecer la verdad en el intelecto.[46]

Por ello, puede decirse que la verdad del intelecto o verdad gnoseológica es el analogado principal en comparación con la verdad

[44] Véase J. García López, «Verdad e inteligibilidad», en ídem, *Estudios de metafísica tomista*, Pamplona: Eunsa, 1976, p. 170; ídem, «El valor de la verdad», en ídem, *El valor de la verdad y otros estudios*, Madrid: Gredos, 1965, pp. 15-18.

[45] Los escolásticos llamaban «orationes» a las oraciones independientemente de que pertenecieran aseverativas o de otro tipo; «enuntiationes», a las que eran aseverativas, y «propositiones», a las que entraban como premisas en un silogismo. Pero la literatura analítica de la lógica modal llama «propositions» a oraciones abstractas o con subsistencia de tipo platónico. Para evitar esas confusiones, hemos preferido usar solo la palabra *enunciado*.

[46] Véase Sto. Tomás, *Summa Theologiae*, I, q. 16, aa. 1 y 2.

Mauricio Beuchot

ontológica y la verdad práctica (moral y técnica) —en la que el hombre busca la adecuación entre las cosas que hace y el intelecto que gobierna esa acción—.[47] La verdad ontológica es la preparación y fundamento de la verdad gnoseológica o formal, porque el ser es anterior al ser verdadero, y en ese sentido el ser verdadero presupone el ser; pero, una vez supuesto el ser, se requiere la adecuación del intelecto con el ser para que haya verdad. Y es la conformidad, adecuación o correspondencia lo que constituye de manera plena la verdad. La verdad de las cosas u ontológica es la adecuación de la cosa con el intelecto, su capacidad de ser conocida. Pero la verdad formal o gnoseológica es la adecuación del intelecto con la cosa, propiamente la correspondencia cognoscitiva. Pero en toda relación hay un término *a quo* y un término *ad quem*, y el fundamento de tal relación se encuentra en el término *a quo* (p. ej., cuando se trata de una relación de paternidad, el término *a quo* es el padre, en el cual se encuentra el fundamento de la relación dicha, y el término *ad quem* es el hijo; en cambio, cuando la relación es de filiación, ocurre a la inversa). Pues bien, cuando el término *a quo* es el intelecto, entonces, el fundamento relacional se da en el intelecto mismo y el término *ad quem* es la cosa, y es cuando se da auténticamente la noción de verdad.[48]

Ahora bien, para santo Tomás, la verdad solo se da en un acto epistemológico o gnoseológico, que es la reflexión, a saber, la reflexión del entendimiento que el juicio hace sobre la posesión de la verdad. Y allí, en esa reflexión, es donde el juicio, que al principio se veía condicionado, se hace incondicionado, por el cumplimiento de las condiciones que lo sustentan. También allí es donde intervienen los marcos conceptuales de los que depende el cumplimiento de las condiciones. De acuerdo con ello, hay en santo Tomás una clara conciencia —aunque no usualmente reconocida o admitida por sus seguidores— de que hay una parte epistémica en la verdad

---

[47] Véase ídem, *De Veritate*, q. 1, a. 3, c.; S. Rábade Romeo, ed. cit., p. 40; L. de Guzmán, *El problema de la verdad*, Barcelona: Herder, 1964, pp. 63-64.

[48] Véase Sto. Tomás, *Summa Theologiae*, I, q. 16, a. 8, c.

ontológica. Hay una aceptación de marcos conceptuales que condicionan la verdad desde el lado gnoseológico, aunque no en el aspecto ontológico. Se puede aceptar, pues, en el Aquinate, una presencia de lo pragmático en su noción de verdad. Lo que más cuesta entender es como, a pesar de ello, postula además la verdad como correspondencia. Lo veremos a continuación.

De acuerdo con ello, la intencionalidad de la mente es la que sirve como mediación *trascendental* entre el sujeto y el objeto en esta adecuación. La adecuación estará dada por la intencionalidad de la mente que la lleva a la asimilación del objeto y a la conformación con él. La mente se conforma psíquicamente con el objeto, porque la intencionalidad consiste, precisamente, en hacerse psíquicamente al modo del objeto mismo; más aún, es hacerse él mismo de cierta manera (a saber, de manera psíquica e intencional). Esto es lo que recientemente ha explicado y defendido bien la escuela fenomenológica, tomándolo del aristotelismo y la escolástica. Y, al asimilar el objeto y conformarse intencionalmente a este, la mente se queda con la semejanza (*species*) intencional de la cosa, con una representación suya que hace sus veces, que es ella misma intencionalmente en el intelecto. Así se produce la adecuación o correspondencia con el objeto por parte del sujeto.

HACIA UN REALISMO ANALÓGICO

Pasaré, finalmente, a señalar la actualidad del realismo de santo Tomás. Se trata de un realismo analógico, que hace mucha falta en la filosofía de hoy. En efecto, es: a) un realismo en el que cabe cierto relativismo de marcos conceptuales; con límites, que hemos colocado en las clases naturales, las cuales no pueden ser —al menos no totalmente— construidas por el cognoscente según sus intereses y herramientas cognoscitivas; ese sería el reducto no contaminado de la realidad o independiente de los marcos conceptuales. Y b) una verdad como correspondencia que admite cierta epistemización e intersubjetividad; pero no en el sentido de que la verdad dependa del consenso de los cognoscentes, sino que ese consenso manifiesta el que se ha conseguido captar la realidad con nuestras proposiciones e hipótesis o conjeturas. Dados esos límites en el relativismo de marcos conceptuales y esos límites en el relativismo del consenso, se puede hablar de la analogía, de la proporcionalidad de las partes que entran en juego en el conocimiento, en el acto de conocer. En todos los casos, se ve el conocimiento como el encuentro entre el hombre y el mundo. Y allí radica otra vez la analogía. Ni solo el hombre ni solo el mundo. Uno y otro tienen su parte en la interacción cognoscitiva. El hombre influye en el conocimiento, pues, de acuerdo con su perspectiva cultural, marco conceptual o simple enfoque, deposita algo suyo en esa interacción, algo de subjetividad; pero también el mundo influye en el conocimiento, pues, a pesar de que recibe la investidura de diversos marcos conceptuales, resiste y conserva su carácter de cosa, de hecho duro frente a la modelación del cognoscente.[49] Como hemos visto, no todo en el conocimiento es subjetividad, como tampoco es todo objetividad. Hay una proporción de las partes y, acaso, de acuerdo con las leyes de la analogía, predomina la parte de la subjetividad. Pero no al punto de privar de objetividad al conocer, de modo que se puede confiar en nuestras facultades cognoscitivas, que siempre cumplirán con entregar su parte de la verdad, del ser. En efecto, la analogía implica relación, y no una relación simple, sino compleja. Es una relación triádica, pertenece a lo que Peirce denomina «terceridad». Es *regla de tres*, una relación entre las cosas que se comparan, una proporción entre ellas: la realidad, el hombre y el marco conceptual, como en Peirce se relacionaban el signo, el objeto y el interpretante. En este caso, la realidad tiene un aspecto de signo y otro de objeto (no de fenómeno y de noúmeno, que ya Peirce rechazó con éxito esa dualidad

---

[49] Es curioso darse cuenta de que es la intencionalidad cognoscitiva la que impide que la concepción del conocimiento sea puramente epistemológica o puramente ontológica. Ella evita el puro gnoseologismo, al exigir la referencia además del sentido, y evita el ontologismo, al exigir la atención a la intervención del hombre en la construcción cognoscitiva de la realidad. Véase J. Nubiola, *La renovación pragmatista de la filosofía analítica*, Pamplona: Eunsa, 1994, pp. 19, 22, 50 y 88.

kantiana), y el interpretante se da en la parte del hombre que conoce. El signo es aquí la realidad en cuanto conocida, como decían los escolásticos, la realidad en cuanto filtrada por nuestros conceptos subjetivos, nuestros marcos conceptuales. Y el objeto es aquí la realidad en cuanto cosa, en cuanto realidad, la cual es captada después del análisis de los contenidos de los marcos conceptuales para llegar al núcleo esencial, a ese reducto de la esencia o de la clase natural que permanece independiente del revestimiento de los marcos. No en la relación del fenómeno y del noúmeno respecto del cognoscente, sino en la relación del signo y del objeto de este respecto del interpretante que se da (como concepto, acto o hábito) en el intérprete de modo que sea captado y comprendido, en relación triádica, proporcionada, la más propia de la analogía, del pensamiento analógico.

Es en este ámbito de encuentro del hombre y el mundo, y de mutua interacción, donde se da el conocimiento de la verdad. No una verdad absoluta, como si se conociera con el ojo de Dios, sino con cierta relatividad con respecto al hombre, relativamente relativa, de manera que no pierde la capacidad de tener algunas cosas absolutas, unas pocas, pero suficientes para seguir sosteniendo el edificio de la metafísica u ontología: algunos principios y algunas ideas (las de las esencias), que presiden la marcha del ser y del conocer con su magnífica presencia; pero, en el fondo, humilde, sobre todo en el modo como el ser humano se acerca a ella. Algunos principios necesarios en medio de la vorágine de las cosas contingentes, que son las más, pero que no alcanzan a devorarlos. Y algunas ideas, pero muy importantes, las de las esencias reales, que no nominales, y, además, naturales, que no artificiales, las cuales, como hemos visto, no pueden ser construidas por la mente del hombre. Ellas tendrán siempre un núcleo intocable, aunque no como noúmeno kantiano ni como materia prima aristotélica, sino en la parte de la forma, lo que se ofrece al conocimiento, pero que no depende del todo del conocimiento mismo, sino que, a pesar de exhibir un lado epistémico, tiene también un lado ontológico, y no ciertamente un lado obscuro, sino moderadamente luminoso, porque moderadamente luminoso es también el alcance cognoscitivo del hombre.

Este es un realismo analógico, el cual surge de la tradición tomista, y será muy fructífero para la filosofía actual, ya que ella se encuentra asediada por el univocismo de los absolutismos positivistas y por el equivocismo de los relativismos posmodernistas. Es una salida promisoria de terrenos más abiertos a la vez que exigentes de rigor o seriedad.

CONCLUSIÓN

Concluyendo y sintetizando, podemos ver que este ha sido el resultado de nuestro estudio del realismo metafísico de santo Tomás. En el ámbito ontológico, es un realismo moderado de los universales, esto es, aristotélico, y contrapuesto al realismo extremo de los platónicos y al nominalismo de todos los tiempos. Asimismo, en el ámbito gnoseológico o epistemológico, es un realismo analógico, el cual no tiene los inconvenientes del univocismo positivista ni del equivocismo posmoderno. En ambos lados, se puede hacer una buena aportación desde el tomismo, que, a pesar de los cambios de los tiempos, no pierde su actualidad.

Este realismo analógico es algo que necesitamos en la filosofía de hoy. Está situado entre el realismo científico de la filosofía analítica, en la que es preponderante el positivismo lógico, y el antirrealismo relativista de la filosofía posmoderna. Santo Tomás, con su realismo moderado y de un relativismo sano, de sentido común, nos puede ayudar a salir de ese atolladero.

Sobre ética y hermenéutica: santo Tomás y Francisco de Vitoria

INTRODUCCIÓN

Santo Tomás de Aquino, a quien repasamos en el capítulo anterior, dejó toda una escuela, el tomismo. En ella descollaron varios profesores de la Universidad de Salamanca en el siglo XVI. Fueron varios muy eminentes; pero de entre todos sobresale Francisco de Vitoria, a quien se considera uno de los iniciadores del derecho de las naciones. Es que supo dar al derecho la fuerza que le da la filosofía moral o ética.

Por eso, en estas páginas, me propongo enlazar la ética con la hermenéutica a través de ese pensador. La hermenéutica es la disciplina de la interpretación, mientras que la otra es la que esclarece la acción buena o mala del hombre. Además, aporta normas morales para que la acción humana sea buena. Pero se necesita interpretar al ser humano para saber qué ética le conviene y, por consiguiente, qué normas imponerle. Ya no se dice que eso sea falacia naturalista, de pasar del ser al deber ser, pues ya se ha cobrado conciencia de que se necesita conocer el ser del hombre para poder encaminarlo al deber ser de la conducta correcta. Por eso, señalaré, en primer lugar, algunas éticas que se basan en la hermenéutica y, después, una ética que me parece que utiliza la hermenéutica para construirse, cuyos fundamentos descansan en una antropología filosófica o filosofía del hombre, la cual es una ontología de la persona.

Se ha pensado que la hermenéutica, disciplina de la interpretación, se desentiende de la ética y la política. Por eso, un ejercicio provechoso es el de relacionar nuestra disciplina con esas otras, que tienen que ver con el actuar humano.[50] Así, veremos que el interpretar mueve a actuar, sobre todo en situaciones de conflicto, que es donde mejor se percibe la responsabilidad moral de las personas (y donde más se requiere interpretar la acción por realizar, como un texto a la luz de su contexto). Con eso, vemos que, en efecto, las dos disciplinas filosóficas están vinculadas, porque es necesario interpretar las situaciones para actuar en consecuencia; principalmente, cuando se trata de aplicar un código ético, como tiene que hacerse en el caso particular.

Haré esta conexión utilizando la tradición tomista. Comenzaré con el propio santo Tomás y, luego, pasaré a uno de sus seguidores que fue eminente en la consideración de la ética o filosofía moral: Francisco de Vitoria.

Comencemos ahora atendiendo al modelo de esa aplicación que he mencionado de la hermenéutica a la ética, en forma de ética hermenéutica. Es la de santo Tomás. Resulta hermenéutica porque parte de una interpretación del ser humano para poder entregarle unas normas prácticas que de verdad le convengan, según se verá enseguida.

UNA ÉTICA HERMENÉUTICA: LA DE SANTO TOMÁS

Tomás de Aquino nos enseña a hacer ética hermenéutica, más precisamente una que está basada en la analogía, por lo cual es legítimo decir que era una ética analógica. Parte de una interpretación del ser humano, que se da en la *Suma de teología*, y le sirve de presupuesto y fundamento para construir su teología moral.[51]

---

[50] J. M. García Gómez-Heras, *Ética y hermenéutica*, Madrid: Biblioteca Nueva, 2000, pp. 457 ss.

[51] Sto. Tomás, *Summa theologiae*, I, qq. 75-102; Madrid: BAC, 1955 ss.

En efecto, el Aquinate parte de que el hombre ha salido de Dios y vuelve a Él. Es la ruta indispensable, pues el hombre ha sido hecho a imagen y semejanza de Dios, es decir, es un análogo suyo. Fue creado para encontrar la felicidad en adherirse a Dios, en asimilarse a Él lo más posible, por la vida espiritual, hasta llegar a estar con Él eternamente.[52]

Se basa, pues, en la búsqueda del bien que realiza el hombre. Fue creado para eso, y es lo que se revela en la sindéresis: buscar el bien y evitar el mal. El sumo bien es Dios, por eso es lo que el ser humano debe procurar para ser feliz. Como vio san Agustín, Dios nos creó para Él y nuestro corazón estará inquieto hasta que descanse en Él.[53]

Pero santo Tomás, debido a esa hermenéutica analógica que emplea, interpreta al hombre como buscador del bien, que es la parte objetiva de esa finalidad, y con ello encuentra la felicidad, que es la parte subjetiva de esa búsqueda. Todo hombre desea la felicidad, porque desea el bien y no puede desear el mal (cuando parece que desea el mal es que está deseándolo como un bien aparente, es decir, con la apariencia de bien).

En su interpretación del hombre, santo Tomás encuentra cinco cosas que el ser humano se propone como bienes por alcanzar, es lo que desea: el placer, la riqueza, el poder, el honor y el amor.[54] El placer no es malo, pero no es el fin verdadero; puede usarse como un medio o como fin intermedio, es decir, como instrumento que ayude a alcanzar el fin verdadero. La riqueza tampoco es mala, pero, igualmente, no es el fin verdadero; e, incluso, puede ser buena si se usa como medio para ese fin auténtico. El poder tampoco es malo, y también puede ser un medio bueno para alcanzar el fin verdadero. El honor tampoco es de suyo malo, incluso el prestigio es un poco más espiritual que los bienes anteriores; pero no es el fin: puede servir como medio para acercarse a él. En cambio, el amor sí es un fin, porque es Dios, que es el amor verdadero, y en Él se encuentra el sumo bien. La prueba está

---

[52] P. J. Wadell, *La primacía del amor. Una introducción a la ética de Tomás de Aquino*, Madrid: Palabra, 2002, pp. 115 ss.

[53] S. Agustín, *Confesiones*, I, 1; México: Ediciones Paulinas, 1987 (10.ª ed.), p. 9.

[54] Sto. Tomás, *Summa theologae*, I-II, q. 2, aa. 1-8.

en que ninguno de los otros bienes deja satisfecho al hombre, solo el amor. El que vive en el placer quiere más placer, el que tiene dinero quiere más, el que tiene poder quiere más poder, el que tiene prestigio quiere más; en cambio, el que tiene amor descansa en él y lo disfruta plenamente. Claro que también el amor puede ser adulterado; por eso, Tomás distingue entre el amor de benevolencia y el amor de concupiscencia. El primero es bueno, porque quiere el bien de la persona amada; el segundo no es bueno, porque quiere a la persona con posesividad y con eso la daña. Todo reside en la interpretación que se haga de los medios usados para el fin. Tomás, al contrario de Maquiavelo, no acepta la equivocidad entre el fin y los medios; si el fin es bueno, los medios también tienen que serlo: hay analogía entre ellos, si no univocidad. Nunca un fin bueno puede justificar medios malos, como quería el secretario florentino.

El Aquinate encuentra algo muy importante en su interpretación del ser humano. El hombre es libre, existe la libertad, aunque tenga limitaciones.[55] Si no hay libre albedrío, no puede haber moral, pues no habría responsabilidad. Lo más nuclear es que ella reside en la deliberación, que es el acto de elegir. En efecto, aunque externamente no tenga libertad, por ejemplo, por la violencia, la tengo internamente, porque en mi deliberación en la conciencia no acepto aquello a lo que se me está obligando. En analogía con Dios, tenemos libertad, pero orientada hacia el bien. El hombre no tiene libertad para elegir el mal, sino entre diversos bienes, algunos de ellos falsos o aparentes; pero, como ya se dijo, la voluntad no puede elegir el mal, solo el bien, y en la elección de bienes puede equivocarse y elegir el menos adecuado. Y la libertad no es de la sola voluntad, sino de esta ayudada por la inteligencia, la cual le da el discernimiento entre lo mejor y lo peor; es decir, se trata de una interpretación de lo que es bueno. Y el bien es analógico, porque tiene diversas facetas, por lo que una hermenéutica analógica es la que hace al hombre encontrar

---

[55] A. D. Sertillanges, «El libre albedrío», en *santo Tomás de Aquino*, Buenos Aires: Dedebec, Desclée de Brouwer, 1946, vol. 2, pp. 219 ss.

Mauricio Beuchot

los bienes y elegir el mejor. Es el consejo, que precede a la elección, y la elección es independiente de los resultados, depende de la buena voluntad. Ya de esto había hablado Pedro Abelardo, pero Tomás lo mejora y se anticipa a Kant, pues es la buena voluntad tratando de alcanzar el cumplimiento de la ley.

Debido a esa interpretación analógica del hombre, Tomás encuentra que las pasiones no son malas de suyo; depende del uso que se haga de ellas, incluso pueden ayudar a alcanzar la virtud, ya que la inteligencia y la voluntad son capaces de orientarlas.[56]

Por eso, de alguna forma, en la moral tomista, el pecado es no seguir la razón, porque esta nos señala qué es lo bueno, y no buscarlo es lo más irracional que se puede pensar. La labor de la conciencia es interpretativa, y analógica, ya que consiste en discernir lo que se debe hacer y la manera de hacerlo.

Y la moral de santo Tomás es analógica por excelencia, ya que es una ética de virtudes y las virtudes son analogía puesta en práctica. En efecto, la virtud reside en el término medio, es decir, en el sentido de proporción, y la analogía es proporción (ya que así tradujeron el término griego *analogía* los latinos).

Esto se ve en las virtudes cardinales, que son cuatro: prudencia, templanza, fortaleza y justicia.[57] Sobre todo, en la prudencia, que es plenamente la sensibilidad para la proporción, esto es, para la analogía en la acción y en la búsqueda de los medios para llegar al fin.

Pero también se ve en las demás virtudes, porque la templanza es el sentido de la proporción en la satisfacción de las necesidades y los deseos, de modo que se deje algo para los demás, que se piense en los semejantes o análogos. La fortaleza es el sentido de la proporción en el vigor que se tiene que aplicar para persistir en lo que es virtuoso. Y la justicia es la más analógica, porque es guardar la proporción en lo que se le debe dar al otro, es decir, respetar a cada uno la porción que le corresponde de esa proporción general que es

---

[56] P. J. Wadell, ed. cit., pp. 147 ss.

[57] J. Pieper, *Las virtudes fundamentales*, Madrid: Rialp; Bogotá: Quinto Centenario, 1988, p. 13.

la vida social. La justicia conmutativa es guardar la proporción en lo que se vende y se paga, en los contratos, etc. La justicia distributiva es guardar la proporción en el reparto de los bienes comunes. Y la justicia legal es guardar la proporción en la atención a las partes en los tribunales.

En cuanto a las virtudes teologales, se siente más bien la desproporción que la capacidad del hombre tiene con respecto a ellas, por eso necesitan de la gracia de Dios: Él concede la fe, afirma la esperanza y ayuda en la caridad.[58] De manera especial, se requiere la gracia para los dones del Espíritu Santo, que son los que refuerzan a las virtudes.[59] Así, la gracia es necesaria, sobre todo la gracia habitual, y a veces la gracia actual, que concede realizar acciones extraordinarias, dadas por Dios para algún bien que Él ha dispuesto. Pero en eso opera el discernimiento, esto es, la interpretación que ya conocemos.

Igualmente, hermenéutica y analógica es la relación con la ley, que es la norma objetiva, siendo la conciencia la norma subjetiva. En efecto, la conciencia tiene que interpretar la ley para aplicarla al caso concreto, pero sin quedarse en la sola casuística, sino aprendiendo a aplicar, con la prudencia, la ley, que es general, al caso, que es particular. Y se aplica según la proporción debida, esto es, guardada la analogía, *salva analogicitate*.

Tenemos que interpretar bien la ley eterna para encontrarla plasmada en la ley natural y tenemos que comprender bien esta última para plasmarla en la ley positiva humana, ya que en la ley divina está perfectamente aplicada. Debe haber analogía entre la ley humana y la ley divina, con la natural y con la eterna. La ley eterna es el mismo pensamiento de Dios, que establece el orden en las creaturas; la ley natural es la expresión de esa ley eterna en la mente de los hombres; la ley positiva humana es la plasmación de la ley natural en los códigos de las sociedades, y la ley divina es la que Dios ha mandado: primero, en el Antiguo Testamento y, después, en el Nuevo. En el

---

[58] P. T. Geach, *Las virtudes*, Pamplona: Eunsa, 1993, p. 54.

[59] A. Royo Marín, *Teología de la perfección cristiana*, Madrid: BAC, 1958 (3.ª ed.), pp. 94 ss.

Nuevo Testamento, recibimos la ley de Cristo, basada en la caridad, en el amor cristiano, que es más exigente que el amor meramente humano, ya que llega a extremos heroicos, como el de perdonar a los enemigos, querer a los que nos hacen el mal. Esa es la radicalidad de la ley del amor, la de Cristo.[60]

La aplicación de la ley es, asimismo, un ejercicio de la hermenéutica analógica, ya que es trabajo de la prudencia —no en balde, se ha llamado «jurisprudencia», la cual consiste en hallar la analogía o proporción entre el caso concreto y otros casos—; sobre todo, busca la manera en la que se le aplica la ley, la cual es abstracta o general. Hay una virtud del juez, que es la equidad, con la que se logra hacer justicia, pero sin dañar a las partes o dañando lo menos posible al culpable. Siempre es sentido de lo que es proporcional al caso.

Y, pasando a la conciencia, que es la norma subjetiva, encontramos que es la que interpreta la ley y la aplica con proporción o analogía al caso concreto. Es lo que indica lo que, en definitiva, se tiene que hacer. Ya que la conciencia es más inmediata que la ley, tiene que seguirse, pero lo ideal es que esté iluminada por la ley misma, pues en esto consiste la recta razón. Es algo parecido a lo que recientemente teorizaron Apel y Habermas, distinguiendo entre la razón instrumental,[61] que es meramente técnica, fría y cerebral, y la razón ética, que es la que corresponde a lo que los escolásticos llamaban «recta razón», porque tiene toda la intención de hacer el bien, según la ley.

El trabajo de la conciencia es, pues, interpretativo, buscador de la proporción y, por lo tanto, hermenéutico-analógico, y lo ideal es una conciencia sensible, fina, y no una conciencia cauterizada ni tampoco una escrupulosa. La conciencia escrupulosa en unívoca, despiadada y hace sufrir a la persona, llenándola muchas veces de culpas inútiles o hasta falsas. La conciencia cauterizada es equívoca, laxa y despreocupada, lo cual lleva a muchos errores. Hay que tener

---

[60] B. Häring, *La ley de Cristo*, Barcelona: Herder, 1968 (5.ª ed.), vol. II, pp. 104 ss.

[61] Th. McCarthy, *La teoría crítica de Jürgen Habermas*, Madrid: Tecnos, 2013 (5.ª ed.), pp. 35 ss.

una conciencia sensible, bien informada, para que no actúe con ignorancias, y bien templada, para que no se mueva por temores y resista a la violencia, que a veces se ejerce, con su deliberación. De esta manera, los actos humanos se configuran de acuerdo con la conciencia y su comprensión de la ley. El acto humano tiene un objeto, una finalidad y una circunstancia. El objeto puede ser bueno, como dar limosna; pero malo por el fin, por ejemplo, la presunción, o por la circunstancia, si no se da lo suficiente. O el objeto puede ser malo, como robar, pero se hace bueno por el fin, como alimentarse, y por la circunstancia, como estar en una catástrofe, ya que en tiempo de extrema necesidad hay más justificación. Como se ve, en todo esto hay que interpretar y encontrar la proporción, esto es, la debida analogía: aplicar la hermenéutica analógica.

La virtud más excelsa es la de la caridad, que consiste en amar al prójimo, al semejante, al otro ser humano,[62] inclusive al enemigo. Y, para esto, se necesita una capacidad muy especial para discernir y encontrar al otro, al que debemos amar, y saber cómo hacerlo. Para eso, se requiere interpretación y analógica, a fin de encontrar las semejanzas en el prójimo y respetar sus diferencias, que en eso consiste la analogía, la cual es igualdad, pero es más diferencia. Esto es tan radical como lo que recientemente predicó Lévinas de la obligación que tenemos con el otro, con el hombre que nos presenta su rostro invocando y demandando ayuda, porque es sentido de la analogía, para encontrar al semejante en el otro, que sin embargo es diferente.

Tal es la ética cristiana, que santo Tomás supo reflejar en su exposición. Por eso, tenemos en el Aquinate un sistematizador muy importante de lo que debe cumplir el ser humano para llegar a Dios, para vivir conforme a su voluntad e incluso para santificarse. Es una ley del amor, que nuestro Doctor Común captó muy bien, precisamente por haber sido santo. Es la mejor garantía de su excelencia como guía teórico de nuestra práctica.

Y es una sistematización que incorpora la interpretación, por eso he dicho que es una ética hermenéutica. Además, es analógica,

---

[62] A. Royo Marín, *Teología de la caridad*, Madrid: BAC, 1960, pp. 4 ss.

Mauricio Beuchot

porque se basa en las relaciones con nuestros semejantes, a quienes debemos tratar como queremos que nos traten a nosotros. Es la ley de la proporción, que es la analogía y que se plasma en las virtudes, por eso hemos visto que la ética del Aquinate es una ética de virtudes. Es el regreso de la virtud, que vuelve a animar el comportamiento humano.

Nuestro santo supo conjuntar hermenéutica y ética, porque era una ética basada en la hermenéutica, en el sentido de que se apoyaba en una interpretación del ser humano, en un conocimiento del hombre, el cual es indispensable para saber qué normas morales e incluso jurídicas se le pueden asignar. De otra manera, se tendrá una ética inhumana, tanto por ser unívoca como por ser equívoca.

FRANCISCO DE VITORIA Y LA CONTEMPLACIÓN-ACCIÓN

Hasta en épocas recientes se ha estudiado la vida contemplativa y la vida activa. La razón es que el activismo suele devorar al hombre y este necesita la contemplación para ser plenamente humano. Es lo que le llamó la atención a Hannah Arendt, quien trató de la *vita activa* en su obra acerca de la condición humana.[63] En efecto, el activismo contemporáneo hace que olvidemos la contemplación, pero ella forma parte de nuestro ser humano, por lo que hay que recuperarla de algún modo, en la medida necesaria.

Nos podrá ilustrar esto lo que dice acerca de la vida contemplativa y de la vida activa Francisco de Vitoria (1483-1546), dominico y profesor en Salamanca, el cual comentó la parte de la IIa IIae de la *Summa theologiae* del Aquinate, que trata de la contemplación y la acción.[64] Este profesor de la universidad salmantina fue uno de sus más eminentes seguidores, ya en pleno Renacimiento.

---

[63] H. Arendt, *La condición humana*, Buenos Aires: Paidós, 2009 (5.ª reimpr.), pp. 21 ss.

[64] F. de Vitoria, *Comentarios a la Secunda Secundae de santo Tomás*, t. VI, ed. V. Beltrán de Heredia, Salamanca: B.T.E., 1952, pp. 299 ss. Citaré dentro del texto entre paréntesis.

En cuanto a la división de la vida en contemplativa y activa, en contra de Lutero y apoyándose en el evangelio, Vitoria la defiende, pues era sostenida por santo Tomás (q. 179, a. 1, p. 299). Esta división era ya tradicional; el Aquinate decía que cada uno tiene el predominio de una de ellas y que en compartirla con su amigo obtiene el hombre el mayor gusto.

Vitoria, atendiendo al Aquinate, atribuye la vida contemplativa, en cuanto a su esencia, al intelecto; pero agrega que también, en cuanto a la causa, interviene la voluntad con sus afectos, ya que se da un doble amor: a Dios y a la verdad, y el amor pertenece a la voluntad (q. 180, a. 1, p. 301). Por otra parte, Vitoria no restringe la contemplación a las virtudes intelectuales o especulativas; siguiendo a Cayetano, hace ver que la contemplación requiere las virtudes morales, porque ellas moderan las pasiones y orientan hacia Dios. Pero aclara que la vida activa tiene también sus virtudes, las cuales son diferentes de las de la contemplación, por lo que no son compatibles la vida contemplativa y la vida activa; tiene que predominar una de ellas en la persona (a. 2, pp. 301-302).

En este sentido, aunque la contemplación requiere varios actos, el principal es el de tender hacia la verdad; los otros le dan los medios necesarios para alcanzar ese fin (a. 3, p. 302). Asimismo, en cuanto a su objetivo, la contemplación está orientada principalmente a Dios, pero también a otras verdades, como las de las ciencias, solo que no debe ser inmoderada (a. 4, pp. 302-302). Es decir, Vitoria no desdeña el cultivo de las artes y las ciencias, o de la filosofía, aunque la teología es la que más dirige hacia la verdad divina. Y, en cuanto a la contemplación de Dios, aclara que nadie puede captar la esencia divina de manera natural, sino solo de modo sobrenatural (a. 5, p. 303). Como en el caso de san Pablo y de la profecía, se requiere la intervención de Dios. Además, Vitoria acepta, igual que lo hizo el Aquinate, que la contemplación tiene, según el Pseudo-Dionisio, tres movimientos: circular, recto y oblicuo, a causa de la gran excelencia de este acto humano referido a Dios (a. 6, p. 304).

Por otra parte, Vitoria dice, con aplomo, que la contemplación es de suyo deleitable; y no solo eso, sino que es el máximo disfrute. Sin embargo, se le opone un argumento, porque hay algunos, incluso monjes, a los que no les gusta la contemplación. Vitoria responde que si algunos no se gozan en ella es por sus condiciones personales o incluso por la intervención divina, ya que Dios puede querer que algunos estén más dedicados a la vida activa y, por eso, les quita el placer de la contemplación (a. 7, pp. 304-305). Además, la vida contemplativa es más duradera que la vida activa, pues no versa sobre lo corruptible ni versa sobre contrarios. Parecería que la contemplación no es la mejor, porque es difícil y laboriosa, pero, como dice Cayetano, esto es a causa del cuerpo, que impone gravidez al alma (a. 8, p. 305). Y que es más duradera que la activa se ve en que seguirá en el cielo, mientras que la otra no.

Pasa luego Vitoria a la vida activa. Establece que todos los actos de las virtudes morales le pertenecen; pero también hace notar, con Cayetano, que hay algunas de esas virtudes que se relacionan más con dicha vida activa porque tienen que ver directamente con el prójimo, como la liberalidad y la justicia, pero hay otras que pertenecen también a la contemplativa, sobre todo la caridad, que es la que conecta con la contemplación de Dios (q. 181, a. 1, p. 306). Queda aquí todavía el problema de si la prudencia pertenece a la vida activa o a la contemplativa. En seguimiento del Aquinate, Vitoria distingue: si la prudencia se toma de manera propia, mira a la vida activa; pero, si se la toma en el sentido de sabiduría, puede pertenecer a la vida contemplativa (a. 2, p. 306). Seguramente dice esto porque, para Sócrates y Platón, la prudencia (phrónesis) se entendía como sabiduría, incluso teórica, mientras que Aristóteles le daba un sentido más práctico. Por otra parte, surge el problema de si la enseñanza pertenece a la vida contemplativa y a la activa o solo a alguna de ellas. Vitoria contesta que el enseñar pertenece a las dos, pues, en cuanto tal, pertenece a la contemplativa, pero, por cuanto implica leer y otras acciones, también pertenece a la vida activa (a. 3, p. 307).

Sigue un tema delicado y que levantaba polémicas: la comparación de la vida activa con la contemplativa. Y, en primer lugar, Vitoria se pregunta si la vida activa es mejor que la contemplativa. Responde que, hablando en cuanto tal, la contemplativa es superior a la activa; pero añade que, a veces, y dadas las circunstancias, la activa puede ser más perfecta que la contemplativa. Además, menciona a Enrique de Gante, quien se oponía a santo Tomás y decía que la vida activa era superior a la contemplativa. Vitoria acepta que la vida activa pueda ser mejor, pero no más perfecta, porque solo puede ser más útil (q. 182, a. 1, pp. 308-309). Es decir, la vida activa puede ser mejor que la contemplativa solo atendiendo a la utilidad, pero la utilidad está supeditada a la contemplación.

Y, en un registro más teológico, se presenta la pregunta de si la vida activa es de mayor mérito que la contemplativa. Vitoria responde que la contemplativa es de suyo de mayor mérito que la activa; pero, para los que están dedicados a la vida activa, es de mayor mérito, pues Dios quiere que se consagren a ella con todas sus fuerzas (a. 2, pp. 310-311). Surge, además, la cuestión de si la vida activa impide la vida contemplativa. Vitoria responde que no necesariamente. En efecto, si se entiende como pura dedicación a los actos exteriores, sí la interrumpe; pero, si se considera en cuanto a las virtudes morales que conlleva, entonces son compatibles (a. 3, p. 311). Finalmente, Vitoria se pregunta si la vida activa es anterior a la contemplativa. Y recoge una distinción hecha por el Aquinate: si se entiende anterior en cuanto a la naturaleza, la contemplativa es anterior; pero, si se toma anterior en cuanto al origen, la activa es anterior (a. 4, pp. 311-312). En efecto, ya desde Aristóteles se decía que la especulación requiere que se solucionen las necesidades primarias de la vida, pero eso es en lo tocante a la anterioridad temporal o cronológica; y, cuando ya se tienen satisfechas esas necesidades, se puede dedicar a la especulación, que es más perfecta y, por lo tanto, anterior en cuanto a la naturaleza.

Tal es la reflexión que hace Vitoria sobre esas cuestiones de la *Suma de Teología*, de santo Tomás, a las que añade comentarios muy lúcidos, eruditos y profundos.[65] Eso nos hace captar la fuerza de su interpretación, la labor hermenéutica que aplica al texto del

---

[65] R. Hernández, *Francisco de Vitoria, O. P. Síntesis de su vida y pensamiento*, Caleruega: Editorial OPE, 1983, pp. 29-30.

Aquinate, al que le da una mayor inteligibilidad para que sea puesto en práctica en la vida moral.

CONCLUSIÓN

La hermenéutica no tiene, pues, por qué ser indiferente a la moral, no es neutra de ética. Se da un paso de la hermenéutica a la ética cuando se interpreta la realidad en función del bien o del mal. Esto para promover el bien y evitar el mal, ya que el conocimiento e interpretación de la historia tienen que servirnos para descubrir qué es lo que daña al ser humano y poder evitarlo. Se ve en los errores de la historia, en todo aquello con lo que el hombre ha causado dolor a otro hombre.

Además, una ética hermenéutica se fundamenta en la metafísica, por medio de una antropología filosófica o filosofía del hombre, que tiene como núcleo una ontología de la persona. Es lo que hizo santo Tomás y lo que continuaron haciendo sus seguidores, como Francisco de Vitoria, uno de sus más grandes discípulos.

En seguimiento del Aquinate, Vitoria supo aprovechar la riqueza del concepto de la analogía y edificar un pensamiento analogista que le sirvió para buscar la justicia en la sociedad. Lo hizo enlazando el derecho con la moral, cosa que la modernidad rechazó y que ahora se está tratando de recuperar en la filosofía jurídica.

Sobre moral económica en la escolástica: Olivi y Vitoria

INTRODUCCIÓN

Como señalé en el capítulo anterior, Francisco de Vitoria fue excelente en la ética y el derecho, precisamente, porque supo tener un pensamiento jurídico estrechamente ligado a la moral. Esto lo reflejó en la moral económica, al modo como lo harán, en seguimiento suyo, otros tomistas, por ejemplo, el dominico sevillano Tomás de Mercado. Abordaremos aquí el pensamiento económico moral, o de ética de la economía, de Vitoria en relación con el de otro escolástico relevante, ya de la Edad Media, que fue Pierre de Jean Olivi. Se verá la destreza de Vitoria. Ambos en su doctrina acerca de los contratos y la usura. Tal fue el tema de la obra de un seguidor de los salmantinos, Tomás de Mercado, en su *Suma de tratos y contratos,* elogiada por el historiador de la economía Joseph Schumpeter.[66]

OLIVI

Comenzaremos con el pensamiento económico-moral de Pierre de Jean Olivi, que se contiene en su obra *Tratado de los contratos*.[67] Es uno de los más relevantes de la Edad Media en la escuela franciscana.

---

[66] J. Schumpeter, *Historia del análisis económico*, México: FCE, 1984 (1.ª reimpr.), t. I, p. 104.

[67] P. de Jean Olivi, *Tratado de los contratos*, estudio preliminar de Rafael Ramis Barceló, traducción y notas, Pedro Ramis Serra y Rafael Ramis Barceló, Madrid: Dykinson, 2017. Se citará esta obra dentro del texto entre paréntesis.

En la introducción a la obra de Pierre de Jean Olivi, Rafael Ramis Barceló nos da la biografía de este personaje (pp. 15-18). Olivi nació hacia 1248 en Sérignan (Hérault), diócesis de Béziers, en la Provenza francesa. En 1260, entró a la orden franciscana. Entre 1267-1272, fue a París, donde estudió con san Buenaventura, Guillermo de la Mare, Juan Peckham y Mateo de Aquasparta, renombrados pensadores de su orden. Fue el tiempo de la recuperación de Aristóteles, que pugnó con el neoplatonismo, típico de los franciscanos. Obtuvo el bachillerato y fue enviado a enseñar en Narbona (1278) y Montpellier (1283), que era el estudio más afamado. Recibió censuras y ataques por criticar a los que se apartaban del espíritu original de la orden, lo cual le valió contratiempos. En 1287, Aquasparta lo rehabilitó y lo envió como profesor a Florencia, donde fue alumno suyo Ubertino de Casale, famoso por su lucha por el ideal de la pobreza. Fue lector nuevamente en Montpellier, pero en 1292 fue enviado a Narbona, donde enseñó hasta su muerte, ocurrida en 1298. Declaró que se mantenía dentro de la ortodoxia de la Iglesia.

Discípulos suyos como Ubertino y otros espirituales lo veían como santo y lo seguían para regresar a la tradición franciscana original. Para evitar que lo santificaran tan en exceso, el papa Juan XXII, que era contrario a los espirituales, prohibió que lo veneraran y en un consistorio (1326) reprobó el comentario de Olivi al *Apocalipsis*, pero Sixto IV (1471-1484) quitó la prohibición de sus obras. Por tanto, fue tenido por paradigma de los que deseaban la vuelta a la pobreza original de la orden franciscana.

Dejó obras de exégesis bíblica, tanto sobre el Antiguo Testamento como sobre el Nuevo. Además, obras escolásticas, unas de tema filosófico (lógica y metafísica), en especial una que se titula *De los libros de filósofos que se han de leer*, sobre cómo estudiarlos, en especial a los paganos. Otras son de tema teológico, escritas en cuestiones cuodlibetales y el comentario a las *Sentencias* de Pedro Lombardo, y otras más independientes, entre las cuales se encuentra el *Tratado de los contratos*, que es el que nos ocupa (pp. 18-19).

En cuanto a su pensamiento, fue seguidor de san Buenaventura, pero con algunas libertades (no adoptaba el ejemplarismo o ideas ejemplares en Dios ni la reducción de las artes a la teología).[68] Se colocó en el agustinismo de su orden, pero también con salvedades, pues criticó ideas de san Agustín. Se opuso al aristotelismo; por eso, criticó a santo Tomás. Tenía, asimismo, cierta perspectiva del milenarismo de Joaquín de Fiore, aunque más bien propuso un mesianismo franciscano. Su apocalipticismo consistía en recuperar el carisma original de su orden, el de la pobreza evangélica (p. 22).

Veía el estudio como instrumento para comprender la verdad y vivirla. Por eso, desconfiaba de los filósofos y criticaba a los que se apartaban de la teología para seguir a Aristóteles y a Averroes. Y, sin embargo, reconoció que el Estagirita aportaba una buena base para los estudios teológicos. Con todo, la filosofía le resultaba algo secundario.

Olivi se opuso a doctrinas de su orden, como la de las razones eternas y la de la iluminación del conocimiento. Defendió la sensibilidad y la experiencia subjetiva para que el hombre pudiera juzgar por sí mismo sin la intervención divina. Se puede conocer a Dios partiendo de las creaturas. No aceptaba el innatismo agustiniano y confiaba en la experiencia, que llevaba a Dios, con el coronamiento de la fe y la gracia (p. 23).

Contra el Aquinate, Olivi defendió la pluralidad de formas en el hombre, a saber, la vegetativa, la sensitiva y la intelectiva.[69] Pero solo las dos primeras se unían substancialmente al cuerpo, quedando el intelecto libre y espiritual, para asegurar la inmortalidad del alma. Sostenía la unión de las facultades, de modo que la sensación y la intelección estuvieran fusionadas. Ponía de relieve la *species memorialis*, es decir, el concepto que quedaba en la memoria después de los actos cognoscitivos. Daba un gran peso a la voluntad, que era la que movía al intelecto, siendo así uno de los iniciadores del voluntarismo franciscano, tan claro en Escoto. Decía que el fin del conocimiento

---

[68] J. A. Merino, «Pedro de Juan Olivi», en *Historia de la filosofía franciscana*, Madrid: BAC, 1993, pp. 153-175.

[69] B. Echeverría, *El problema del alma humana en la Edad Media. (Pedro de Olivi y la definición del Concilio de Vienne)*, Buenos Aires: Espasa-Calpe, 1941, pp. 43 ss.

era el ente singular, apartándose del aristotelismo y preconizando el nominalismo de Ockham. La voluntad era lo más importante en su antropología filosófica, porque en ella se situaba la libertad (p. 24).

Más allá de su potencial especulativo, Olivi era un teólogo práctico, por eso debatió lo del *usus pauper*, o uso pobre, según el ideal franciscano, en crítica hacia la riqueza de los eclesiásticos, lo cual le valió problemas con la jerarquía de su orden y con la de la Iglesia. Pero, a diferencia de los espirituales, nunca incurrió en desobediencia de su orden. Más bien tenía, como Lulio, el ideal de sacar a su orden de la decadencia y dar a la Iglesia y la sociedad un tinte más evangélico. Renunciaba a todo dominio o posesión y jurisdicción de los bienes temporales. Buscaba el desprendimiento y la libertad para seguir voluntariamente a Cristo pobre y entregado a los demás. A diferencia de Tomás, que ponía la pobreza como medio o instrumento de perfección, Olivi la ponía como perfección o fin en sí misma (p. 26). Solo estuvo parcialmente ligado a los espirituales, que causaron enfrentamientos en la orden y en la Iglesia; siempre mantuvo una actitud moderada y prudente, pero sus admiradores quisieron usarlo como bandera de sus convicciones. Su comentario al *Apocalipsis* no está en la línea joaquinita, sino en la de una utopía de renovación social y religiosa.

En cuanto al *Tratado de los contratos*, Olivi lo escribió en los últimos años de su vida (entre 1293 y 1295). Trata las compraventas, la usura y la restitución en sentido teológico, jurídico y económico. Se plantea el problema de si puede haber pecado en la compraventa. Dado que lo vendido y el pago tenían que ser estrictamente equivalentes, Graciano decía que era difícil que no interviniera la falta, pero Olivi dice que lo fundamental es el convenio entre vendedor y comprador, es decir, el acuerdo de las voluntades. Aun defendiendo la libertad, podía haber mala voluntad en alguna de las partes, por eso acota diciendo que hay que ver la utilidad, la rareza y la escasez. Para evitar la injusticia, el contrato debía orientarse al bien común. Además de esos criterios subjetivos, había otros objetivos, como la dificultad de obtener esas mercancías o los oficios que intervenían (p. 30). Reconoce la fluctuación de los precios según las épocas de bonanza o carestía, pero dice que es pecado fomentar esta última.

La ganancia en la compraventa es legítima, porque los mercaderes son necesarios para el bien común, pero esto último es la guía o regla. En atención a las dificultades para conseguir o transportar los bienes, que exigen una inversión, es justo que obtengan algo a cambio. Por tanto, para Olivi, el mercader no era un traficante ni un especulador, sino un profesional. Su oficio tenía riesgos y eso le daba el derecho de ganarse honradamente la vida con lo que obtenía (p. 31).[70]

Nuestro franciscano pone como otras cuestiones si el vendedor tiene que descubrir los defectos de su mercancía y qué hacer para que no haya fraude o reventa. Citaba bien a Aristóteles, pero usualmente no coincidía con el Aquinate y trataba de favorecer a los mercaderes basándose en el derecho canónico. En efecto, los teólogos veían mal a los comerciantes, pensando que eran especuladores y usureros. Por eso, Olivi habla también de la usura.

Sobre la usura, hay que decir que el lucro de los prestamistas estaba prohibido en la cristiandad. Pero, en el siglo XIII, cuando ya circulaba mucho el dinero, se volvió un problema. Olivi la condena, pero trata de ver si hay contratos en los que no se dé. Alejandro de Hales y santo Tomás aceptaban casos en los que podía haber ganancia para el prestamista sin que fuera usura. Olivi se apoya en autores como estos, que permiten tales casos de interés no usurario. El cardenal Enrique de Susa y otros canonistas, frente a la prohibición total de la usura, aceptaban cierto interés que se podía lucrar (p. 34). Estaba de acuerdo con Tomás en que no se podía hacer con los bienes, pero quedaba el problema del dinero. En efecto, el préstamo pecuniario implicaba que el prestamista estaría un tiempo sin el dinero, lo cual era una especie de lo que ahora llamamos «inversión». Además, intervenía el tiempo: se vendía tiempo, la duración del préstamo. Olivi distingue entre contratos usurarios y contratos en los que puede darse la usura, que son los que le interesan. Prohíbe los primeros, pero, en cuanto a los segundos, podía haber

---

[70] G. Todeschini, «Olivi e il *mercator* cristiano», en A. Boureou y S. Piron (eds.), *Pierre de Jean Olivi (1248-1298). Pensée scolastique, dissidence spirituelle et société*, París: Vrin, 1999, pp. 217 ss.

la voluntad de ganar algo con lo que se invertía o cuando hubiera mutuo acuerdo sobre las condiciones. Leyó a Graciano, que prohibía todo, a la luz de Enrique de Susa, y con algunos comentaristas de san Raymundo de Penyafort, como Guillaume de Rennes (Guglielmus Redonensis), dominicos estos dos últimos. Así, Olivi tomó elementos ya dados, pero los dispuso de manera novedosa y adaptada a esa nueva sociedad comercial (p. 35).

Además de la compraventa y la usura, la restitución es el otro tema del tratado. En lo tocante a esta última, Olivi la entiende como devolver la ganancia obtenida en forma ilegítima. Ya sea lucro en la compraventa o interés en el préstamo. Según san Agustín y santo Tomás, esa ganancia ilegítima se tenía que restituir: era de justicia conmutativa. Para Olivi, solo hay deber de restitución cuando la ganancia de la compraventa es excesiva o cuando el interés es desmedido. Examinó muchos casos, atendiendo a si la restitución tenía que ser inmediata o podía demorarse y en qué lugar debía hacerse. Hizo casuística para ver usos y costumbres y determinar cuándo había injusticia. Su innovación consiste en que no vio usura en cualquier lucro, sino únicamente cuando este era excesivo; es decir, reconocía que había formas mercantiles lícitas, justas y cristianas (p. 37). Era una ética económica cristiana abierta a los tiempos que se iniciaban del mercantilismo o capitalismo emergente.

El contenido del *Tratado* es compatible con la economía franciscana, porque Olivi resalta la idea de libertad. Aceptaba que la riqueza era algo legítimo en el cristianismo, solo había que tomar en cuenta el modo de lograrla (p. 40). Estaba a la altura de sus tiempos.[71]

La recepción de los escritos de Olivi fue diversa. Algunos lo atacaban fuertemente, como el inquisidor Eymerich, que lo veía como adalid de los begardos. Otros lo condenaban porque lo veían como el apoyo de Ubertino de Casale o de Angelo Clareno, espirituales demasiado combativos. Pero también fue apreciado por otros. Los dominicos solían hablar mal de él, pero no lo hizo san Antonino de

---

[71] O. Todisco, «Ética y economía», en J. A. Merino y F. Martínez Fresneda (coords.), *Manual de filosofía franciscana*, Madrid: BAC, 2004, pp. 249 ss.

Florencia, quien conocía su *Tratado* y lo aprovechaba (p. 47). En su orden, sobresalen san Bernardino de Sena y Lucas Wadding, quien lo defiende de la acusación de hereje. Pero hubo otros más que lo han apreciado a través de los siglos, hasta hoy. Por eso, es importante tomarlo en cuenta ahora, aunque ha pasado tanto tiempo. Recibió la atención de san Antonino de Florencia, célebre seguidor de santo Tomás de Aquino que se distinguió como nadie en la teología moral. Aun ahora, puede enseñarnos mucho, como ha hecho a lo largo de tantos siglos. Su intencionalidad moral en el terreno de la economía es algo que no pasa. En efecto, sigue siendo el gran problema para nosotros el de lograr la justicia. Es algo que toca a la moral económica, pues la economía es un campo muy delicado en el que eso tiene que protegerse, ya que la justicia y la ética vuelven a ella, como algo que señalara no hace mucho Amartya Sen, premio nobel de Economía, que sostenía que, si somos justos, la economía funciona mejor.

VITORIA

Habiendo considerado al franciscano, pasemos a un exponente de la escuela dominicana, seguidora de santo Tomás. Francisco de Vitoria es muy conocido como gran tomista y fundador de la escuela de Salamanca. Nació en Segovia en 1483. Entró a la orden de los dominicos, estudió en París (1508-1513), en el Colegio de Saint Jacques, pero en relación con nominalistas de nombre, como Juan de Celaya, en el ambiente de las doctrinas de Juan Mayor, del Colegio de Monteagudo. En el mismo París, gracias a Juan Crokaert, asistió al renacimiento del tomismo. Fue profesor en esa ciudad y colegio, tanto de artes como de teología, de 1513-1521. Obtuvo la licencia en Teología el año de 1522. Hizo una breve estancia en Flandes, ya sea en su periodo parisino, ya sea antes de regresar a España. En Flandes, saludó a amigos belgas y españoles, sobre todo negociantes, que lo consultaban acerca de la licitud de sus contratos. Eso le sirvió para tener un conocimiento de primera mano de la realidad comercial y económica. Después, dio clases en el Colegio de San Gregorio de Valladolid (1523-1526) y, luego, pasó a Salamanca, al Convento de San Esteban. En la universidad salmantina, ocupó la cátedra de Prima de Teología, que sirvió desde 1526 hasta su muerte, en 1546.[72]

Lo relativo a los contratos y a la usura se encuentra en los comentarios de Vitoria a la *Suma de teología*, de santo Tomás, II-II, qq. 77 y 78. Expone las respuestas del Aquinate, pero lo más valioso de Vitoria son las dudas que extrae de las mismas soluciones del Doctor Común y las respuestas que él mismo les da, frecuentemente apoyado en el cardenal Cayetano.

En relación con la compraventa, en el artículo primero de la cuestión 77, se pregunta si alguien puede vender lícitamente una cosa en más de lo que vale, y responde que «incurrir en fraude en la venta y en la compra para que alguien venda una cosa por encima de su precio justo, es pecado» (a. 1, p. 83). Vender una cosa más cara de lo que es justo o comprarla más barata es injusto. Pero no lo es si alguien sale perjudicado al vender una cosa que el otro necesita. Por otra parte, no es lícito aprovecharse de la necesidad que el otro tiene. Con todo, siguiendo a santo Tomás, dice que el que tiene necesidad de esa cosa, por honestidad, debe darle algo más al que la vende, pero que no ha de ser por fuerza, sino de grado.

Resuelve algunas dudas. El precio justo no puede decidirse por la común estimación de los hombres, sino por razones concluyentes. Acepta que a veces puede decidirse cuando hay muchos compradores porque estos velarán por su justicia. Ante todo, hay que evitar los engaños y fraudes. Porque, si se excluyen, y si el otro acepta los términos, no se le hace injuria. Así, excluido el fraude, a cada quien le es lícito vender en cuanto pueda las cosas que no son necesarias para la vida. Quien venda una cosa por más de la mitad del justo precio o compra por menos de la mitad de él está obligado a restitución. Solo se puede recibir lo que esté de más que sea dado por generosidad o por gratitud. Tampoco se puede dar más caro lo que ya está tasado

---

[72] M. I. Zorroza, «Introducción» a F. de Vitoria, *Contratos y usura*, Pamplona: Eunsa, 2006, pp. 11-20. Se citará esta traducción entre paréntesis.

por la república (p. 101). Es la temática del precio justo y del respeto a la propiedad.[73]

También inquiere, en el artículo segundo de esa cuestión, si la venta se vuelve injusta e ilícita por causa de un defecto de la cosa vendida. Si el vendedor conoce el defecto, es fraude y la venta es ilícita. Lo mismo si usa una medida deficiente. Igualmente, si la cosa es de mala calidad. El que así vende no solamente peca, sino que lo obliga la restitución. Si no conoce el defecto, no peca; pero, si lo sabe después, tiene que recompensar el daño al comprador (a. 2, p. 103). El artículo tercero pregunta: ¿El vendedor está obligado a revelar el defecto? Tiene que hacerlo, porque, si no, está dañando al otro. Vitoria considera como difícil una duda: la de si hay que revelar el defecto cuando este es evidente. Tiene que hacerse porque, si no, la venta no existe, ya que la ignorancia destruye la acción. Pero, con Cayetano, nuestro pensador acepta que, si el defecto no es grave, y si el comprador está de acuerdo, y si el vendedor aminora el precio, la transacción existe y es lícita, no obliga a restitución. ¿Y si oculta el vicio de la cosa que, si conociera el otro, no la compraría? Vitoria responde que no hay pecado porque no perjudica al otro, pues le da tanto como lo que de él recibe. Pero queda la duda de si, al negar el vicio de la cosa, se anula la venta. La respuesta es clara: no hay venta porque hay mentira, y más si se miente con juramento.

Sin embargo, nuestro teólogo hace distinciones muy sutiles para decir cuándo tiene que hacerse y cuándo no. Por ejemplo, si el defecto es oculto, aunque el vendedor dé la cosa a un precio justo, tiene que revelarlo. Vitoria cede un poco, señalando que, cuando hay un vicio oculto en la cosa, no hay obligación de revelarlo si no se pregunta por él (p. 116).

Nuestro autor añade una duda muy curiosa: si, en lugar de vender oro verdadero, se puede vender el que se hace con alquimia, y responde que no. Explica que es voz común que se puede hacer oro

---

[73] A. Chafuén, Justicia distributiva en la escolástica tardía y argumentos post-tomistas a favor de la propiedad privada, *Reporte*, núm. 6, agosto (1986), pp. 5 y 19-20.

verdadero con la alquimia, pero señala que nadie lo ha mostrado fehacientemente. Lo compara con la cuadratura del círculo, que, aun cuando Aristóteles dice que se puede cuadrar el círculo, no hay nadie que lo haya hecho. Lo de la alquimia le suena más a locura. Ni el demonio podría enseñar a hacerlo, pues no le interesa sacar provecho en las cosas temporales. Y hasta habla de alguien que fue a verlo diciendo que había logrado con el arte una piedra que era germen para el oro; sin embargo, cuando se le preguntó si había hecho oro, no quiso contestar.

Pero todavía yo le dije si él mismo lo había hecho alguna vez; y por fin dijo que no; y así le abandoné con su arte, no creyéndole nada. Por lo cual es ridículo considerar que por el arte pueda hacerse un verdadero oro, ni creo puedan hacerlo, aunque ciertamente por aquella mezcla hagan otras bellas mezclas. Y a favor de su opinión me adujo a más de cien filósofos, y también a Juan de Andrés, en cierta glosa. Pero finalmente afirmo que es un sueño pensar y creer esto (a. 3, p. 120).

También se pregunta, en el artículo cuarto, si es lícito vender algo más caro que cuando se compró (pp. 123 ss.). Distingue la conmutación natural, basada en los usos necesarios, la cual es honesta, y la que no se ordena a los usos necesarios, sino al lucro, que es la que causa problemas. Esta última encierra cierta torpeza, porque no tiene un fin honesto. En cambio, la primera es honesta (a. 4, p. 123). Aquí parece estar defendiendo el valor de uso en contra del valor de cambio, cosa que se ha apreciado mucho en la economía reciente.

Una duda que surge es la de si la negociación que no se ordene a un fin honesto, sino al puro adquirir riqueza, es ilícita. Vitoria responde que es peligrosa, pero piensa que no es pecado mortal, sino venial, con tal de que no haya la intención de hacer injuria al otro, sino solamente lucrar. Además, otra duda es la de si, cuando un comerciante en pequeño (de los que llama «recatones», es decir, regateadores) tiene dificultades para transportar su mercancía, puede venderla un poco más cara para ganar algo. Y lo concede, pues hay un cambio de lugar, el cual exige desplazamiento, y este cuesta. Pero no es lícito ganar así cuando no se ha hecho ningún cambio, ni de lugar ni de tiempo. Tampoco es lícito comprar gran cantidad de un bien para venderlo más caro en otro tiempo, pues el precio ya está tasado por la república. Incluso cuando no se daña gravemente a la república, hacer este tipo de transacciones es peligroso, pues expone a la avaricia.

Otra duda es: si alguien compra con dinero de otro y obtiene beneficio, ¿debe dárselo al dueño del dinero o es suyo y puede quedarse con él? Vitoria dice:

> Esta duda me ha sido consultada en Flandes, porque allí hay factores o apoderados de los mercaderes que se benefician con dineros ajenos. Los mercaderes *dan a los factores lanas que venden, y en tanto que viene el tiempo de la paga, tratan con los dineros y ganan*. Me preguntan si aquel beneficio sería del dueño de los dineros, o de aquellos factores y procuradores. Se responde que, hablando absolutamente, si no hay otras condiciones, digo que aquel beneficio es del que compra y se beneficia, y no del dueño de los dineros, porque el señor no compra, sino el procurador. Pues las mercancías que compra el procurador con los dineros ajenos son del mismo procurador, luego también el beneficio (p. 133).

En efecto, como se dijo en el resumen biográfico, sabemos que Vitoria estuvo en Flandes y entró en contacto con los mercaderes de ahí, quienes le manifestaban sus dudas para que él les respondiera.

Por lo que toca a la usura, Vitoria se pregunta, en el artículo primero, si es injusta, y responde que sí, porque es como vender algo que no existe. Se plantea la duda de si la usura está prohibida por el derecho natural y la resuelve diciendo que sí, porque es como si alguien recibiera un beneficio de una cosa que no es suya. Por eso, está obligado a restitución. Sin embargo, Vitoria exceptúa el caso del usurero mental, es decir, del que presta esperando recibir algo más y piensa que el que recibe el dinero entiende eso y está de acuerdo, aunque no sea así. Vitoria lo permite porque, en ese caso, el otro recibe gratuitamente. No hay que lesionar el derecho natural al dominio y a la propiedad.[74]

También se pregunta nuestro autor si la usura va contra el derecho divino, y responde que, por el derecho divino, fue permitida la usura en el Antiguo Testamento, pero hacia los extranjeros, no con los del pueblo de Israel (Deuteronomio, 23, 20). Se ve su utilización de las obras de Mair y de Almain, nominalistas, pero Vitoria contesta siempre en sentido tomista: era un permiso; y, si era un permiso o dispensa, se debía a que la acción era mala (pp. 152-153). Hay, además, una duda: la de si el papa puede dispensar al usurero, de modo que no incurra en ninguna pena. Responde que puede hacerlo en algún caso particular, por el bien común, pero no de modo general para todos (a. 1, p. 154).

El artículo segundo inquiere si alguien puede esperar alguna otra ventaja a cambio del dinero prestado (como un objeto o un favor). La respuesta es que está prohibido, porque los objetos o los cargos valen como si fueran dinero. Pero, si el otro le da algo así libremente, no se comete un ilícito. Tampoco es ilícito si se espera recibir algo que no es estimable en dinero, como que sea su amigo o que rece por él (p. 156).

Hay la duda de si es lícito exigir algo a cambio del dinero por razón del interés o del lucro cesante, y responde que sí, porque lo ha prestado y merece algo a cambio. Otra duda es cuándo es lícito prestar esperando recibir algún regalo, y responde que cuando se espera que sea por agradecimiento. Otra duda es si es lícito hacer el contrato de sociedad; es decir, si es lícito en los contratos de compañía confiar el dinero a un mercader y recibir todo o parte de él. Es lícito cuando hay peligro y el beneficio será común. Sigue a Cayetano y analiza otros casos para ver si es lícito esperar beneficios con un gran sentido del detalle. Tampoco es lícito atender al tiempo, como si va a haber dilación en recibir el pago de lo fiado, porque vale lo mismo que si se pagara al momento. Y así otras cosas con mucho

---

[74] R. Hernández, *Derechos humanos en Francisco de Vitoria*, Salamanca: San Esteban, 1984, pp. 224-226.

detalle. Como el contrato de aseguración, cuando hay peligro, por ejemplo, si las mercancías van por mar, y dice que es lícito cuando ambas partes están de acuerdo, y la razón es que fue libre y voluntario (pp. 158 ss.).[75] Así resuelve cincuenta dudas, muy por extenso. Por ejemplo, cuestiona si por el cambio de un dinero por otro es lícito recibir algo, y, con Cayetano, responde que es lícito cuando se recibe lo que es justo y nada más (a. 2, p. 232 ss.). Sería demasiado prolijo atender a todas las dudas, incluso a la mayor parte de ellas, por ser tantas, aunque las respuestas de Vitoria son muy atinadas. Esa cantidad de preguntas indica la labor tan concienzuda que hizo nuestro autor, su dedicación y su excelencia académica.

En el artículo tercero, la pregunta es si alguien que ha ganado algo con su dinero por usura está obligado a devolución. La respuesta es que sí: debe devolver lo que ganó con la usura, aunque no lo que haya ganado honestamente con ese dinero. Y, si obtuvo cosas con él, tiene que devolverlas, incluso con los frutos de estas (por ejemplo, de un campo). Esto, porque el dominio sobre esas cosas no es lícito (a. 3, p. 251). Es una duda que resuelve según la opinión de santo Tomás.

En el artículo cuarto, la cuestión es si es lícito recibir dinero en préstamo con usura. No es lícito, pues se estaría induciendo a alguien a caer en ella. Solamente se permite cuando hay grave necesidad. Queda, sin embargo, la duda de qué es esa necesidad. Vitoria dice que *necesidad* no solo debe entenderse como algo grave, sino también cualquier utilidad. Pues bien, se le puede prestar a alguien con usura cuando tiene necesidad, porque no se desea que caiga en usura (a. 4, p. 255). Este artículo es muy pequeño, muy breve; sin embargo, la duda que se propone y que resuelve no es de poca importancia.

Así, vemos la profundidad de la reflexión de Vitoria en las cuestiones de moral de la economía. Es algo que será muy seguido, tanto por católicos como por protestantes. Y una continuación de esa

---

[75] A. Ramos Gómez Pérez, *El análisis sobre la usura en la* Suma teológica *de Tomás de Aquino*, México: UNAM, 1982, pp. 21 ss.

escuela de Salamanca se ve en la Nueva España, con el dominico Tomás de Mercado y su *Suma de tratos y contratos* (1571), ya que estudió en Salamanca y llevó estas enseñanzas al Nuevo Mundo.

CONCLUSIÓN

Hemos visto la excelencia de ambos teólogos, moralistas de la economía, que marcaron la historia de esta disciplina. Es por eso necesario atender a sus doctrinas, porque su espíritu de honestidad y de búsqueda del bien común puede seguir animando los estudios que sobre estos temas se realizan en la actualidad. En efecto, al ponderar sus aportaciones, vemos que todas ellas se encuadran en la búsqueda de la justicia y del bien común, cosas que hoy en día deben estar en el ámbito de la vida económica del hombre.

De esta manera, vemos la pujanza de la filosofía escolástica, representada aquí por un franciscano y un dominico. Es algo que ha continuado en la historia hasta llegar a nuestros días y que puede revitalizar el pensamiento actual. En efecto, la economía también se relaciona con la moral y se requiere profundizar en el pensamiento ético-económico, para lo cual siempre servirán de modelos estos autores clásicos.

La ley y la sociedad en Domingo de Soto

INTRODUCCIÓN

Discípulo de Francisco de Vitoria fue Domingo de Soto, continuador de su magna empresa. Se distinguió en lógica y en física o filosofía natural, pero también abordó cuestiones de filosofía del derecho y de filosofía política. En ellas, afianzó los principios de su maestro. También colaboró en la discusión de la conquista de América y fue muy tomado en cuenta por Bartolomé de las Casas, quien mantuvo correspondencia con él.

Trataremos ahora sus principales ideas jurídicas y sociales, esto es, su filosofía del derecho y su filosofía política. Fue muy seguido en ellas. Es un clásico en toda la línea. Y por eso siempre merece ser meditado. Quiso apegarse a santo Tomás, pero lo hizo con cierta libertad, pues las investigaciones han revelado que difiere de él en algunos puntos.

VIDA Y OBRA

Nació en 1495 en Segovia, donde fue bautizado con el nombre de Francisco.[76] Hizo estudios de Artes o Filosofía en Alcalá y allí se

---

[76] V. Beltrán de Heredia, «Introducción biográfica» a V. Diego Carro, *Domingo de Soto y su doctrina jurídica*, Madrid: Real Academia de Ciencias Morales y Políticas, 1943, pp. 14 ss.; V. Beltrán de Heredia, *Domingo de Soto*.

graduó de bachiller en 1516. Había tenido como uno de sus maestros a santo Tomás de Villanueva. Terminó las artes en París, en el colegio de Sainte Barbe, de tendencia nominalista, y en él se recibió de maestro en Artes o Filosofía.[77] Comenzó dando clases de esta asignatura en París, posiblemente en su mismo colegio. En 1517 inició sus estudios de Teología. Parece ser que asistió a las lecciones de Juan Mair en el Colegio de Monteagudo, aunque es más seguro que estudió con alumnos de este, y también a las de Vitoria en Saint Jacques. En efecto, este lo ganó para el tomismo, aun cuando siempre conservó elementos nominalistas. En 1520, regresó a Alcalá para terminar la teología en el Colegio de San Ildefonso, donde Pedro Ciruelo tenía la cátedra de santo Tomás. Ese mismo año, se recibió de maestro en Teología y fue puesto a enseñar las *Sentencias* (de Pedro Lombardo) y la Sagrada Escritura. También tuvo una cátedra de Artes, en la que enseñó Lógica, Física y Metafísica. En el Colegio de San Ildefonso de Alcalá, tuvo entre sus alumnos a san Juan de Ávila. Aunque no hay constancia de ello, es de creer que obtuvo el doctorado en Teología.

En 1524, entró a la orden dominicana, en el Convento de San Pablo, de Burgos, y de ahí pasó a Salamanca, el año 1525. En el Convento de San Esteban ejerció la docencia, desde ese año hasta 1532. También fue suplente de Vitoria en la universidad. En esta última, y ese año, ganó la cátedra de Vísperas de Teología, la cual regentó hasta 1549. Tuvo que interrumpir su docencia entre 1545 y 1547 para asistir al Concilio de Trento, en que fue teólogo del emperador Carlos V. También estuvo presente en la polémica de Las Casas y Sepúlveda en Valladolid en 1550-1551, donde hizo el resumen de la discusión. Obtuvo la cátedra de Prima, que era la

---

Estudio biográfico documentado, Salamanca: BTE, 1960, pp. 9 ss.; Á. del Cura, Domingo de Soto, maestro de filosofía, *Estudios Filosóficos*, 9 (1960), pp. 391 ss. V. Diego Carro, «Introducción general» a D. de Soto, *De la justicia y el derecho*, Madrid: Instituto de Estudios Políticos, 1968, t. I, pp. XIX ss.

[77] Vicente Beltrán de Heredia ha comprobado que estudió en el Colegio de Santa Bárbara, pero también se cree que los hizo de teología en el Colegio de Monteagudo.

principal, en 1552, sucediendo a Melchor Cano (el cual había sucedido a Vitoria), y enseñó en ella hasta su muerte, ocurrida en 1560.

Escribió famosas obras de lógica: *Súmulas*, de las que hizo dos ediciones, una todavía en sentido nominalista (1529) y otra ya tomista (1539), también una *Dialéctica* (1543), una *Física* (1545) y las *Cuestiones sobre la física* (1545). En esta última, Duhem, Clagett y Wallace le atribuyen las leyes de la caída de los cuerpos, sesenta años antes que Galileo.[78] Pero lo que más nos interesa es el *De iustitia et iure* (Salamanca, 1553-1554, con otra edición revisada en 1556-1557). Todas esas obras tuvieron muchas ediciones. También es de interés su relección *De dominio*, que había quedado inédita y fue recientemente publicada.

DOCTRINA JURÍDICA

En su obra *De iustitia et iure*, Soto define la ley según santo Tomás, como ordenación o regla y mandato: «Una ordenación de la razón, promulgada para el bien común por quien desempeña el gobierno de la sociedad».[79] Lo explica con dos tesis: «La ley se asienta en el entendimiento, como obra que es propia suya».[80] Y «la ley es una proposición universal y un dictamen de la razón práctica, que existe a la manera de un hábito».[81] Se trata, pues, de un juicio práctico. Tanto la ley como el derecho están orientados a la justicia. Esta virtud es la que ordena todas las cosas hacia su verdadero fin. Nuestro autor entiende el derecho como ley, y el derecho es el objeto de la justicia. La ley tiene como causa eficiente la razón del superior que la establece y como causa final el bien común: «Toda ley, para que sea sólida y duradera, ha de tener como objeto encaminar a sus súbditos

---

[78] W. A. Wallace, El enigma de Domingo de Soto: (*Uniformiter difformis* y la caída de los cuerpos en la tardía física medieval), *Studium*, 16 (1976), pp. 343 ss.

[79] D. de Soto, *De la justicia y el derecho*, lib. I, q. 1, art. 1; ed. cit., t. I, p. 6b.

[80] Ibíd., lib. I, q. 1, a. 1, concl. 1; ed. cit., t. I, p. 7a.

[81] Ibíd., lib. I, q. 1, a. 1, concl. 2; ed. cit., t. I, p. 9a.

al bien común».[82] Y el que hace las leyes para su bien particular es un tirano.

De acuerdo con ello, no cualquiera puede promulgar una ley, sino aquel que tiene la autoridad para hacerlo. «Establecer leyes no pertenece a cualquiera, sino al Estado, o a quien lo representa, o cuida de él».[83] Es que las causas eficientes deben proporcionarse a las finales, y, como el fin es muy amplio, también tiene que serlo la causa. Así, los jurisprudentes o jurisconsultos no dan leyes, sino que las interpretan o ayudan a los príncipes para hacerlas adecuadamente. Asimismo, la promulgación es esencial a la ley. «Ninguna disposición tiene fuerza de ley mientras no sea promulgada; por el contrario, como el decreto ya citado asegura, se instituye cuando se promulga».[84] Y obliga desde el momento en que es promulgada solemnemente.

Por otra parte, el efecto de la ley es hacer buenos a los hombres mandando o prohibiendo. «El efecto que principalmente ha de intentar el legislador con la ley es hacer buenos a los hombres súbditos suyos, a fin de que por medio de esta bondad se consiga el fin humano, que es nuestra felicidad».[85] Cada ley puede tener un fin individual, pero se tiene que ordenar al fin principal, que es el señalado.

> Aunque el Gobernante ha de estar siempre con los ojos puestos atentamente en hacer buenos a los ciudadanos, sin embargo, también por medio de leyes ha de velar por la prosperidad de las artes y oficios, y proveer de víveres y demás cosas necesarias para la vida de este mundo, tanto en la paz, como de guerra. Y así mismo ha de velar por el acrecentamiento de las riquezas y honores de los ciudadanos, en el grado, sin embargo, en que estas distinciones de la vida presente sirvan de ayuda para la vida futura.[86]

---

[82] Ibíd., lib. I, q. 1, a. 2, concl. unic.; ed. cit., t. I, p. 11a.

[83] Ibíd., lib. I, q. 1, a. 3, concl. unic.; ed. cit., t. I, p. 12b.

[84] Ibíd., lib. I, q. 1, a. 4, concl. 1; ed. cit., t. I, p. 14a.

[85] Ibíd., lib. I, q. 2, a. 1, concl. 1; ed. cit., t. I, p. 17a.

[86] Ibíd., lib. I, q. 2, a. 1, concl. 2; ed. cit., t. I, p. 19a.

Todo se orienta al bien común trascendente, que es llegar a la gloria, con Dios.

La ley tiene cuatro actos: permitir, prohibir, castigar y mandar.[87] Primero, se presenta como ley eterna, la cual se distingue de la natural y la positiva, ya humana, ya divina. Hay que diferenciar entre el derecho tomado como la ley, que es la regla de la justicia, y tomado por lo justo, que es el objeto de esa virtud.[88]

La ley eterna es la misma mente divina, que ordena todas las cosas. «La ley eterna es la razón suprema que existe en Dios».[89] En esto, sigue a san Agustín y a santo Tomás. Asimismo, todas las leyes se derivan de esa ley suprema. «Toda ley en general, distinta de la eterna, por entrañar alguna razón de justicia, procede de la ley eterna».[90] Y, dado que la ley eterna pertenece a la mente divina, bajo ella caen todas las cosas, tanto las necesarias como las posibles. «Todas las cosas necesarias, a excepción de Dios y sus atributos, están sujetas a la ley eterna».[91] Por ejemplo, las verdades eternas no están sujetas a ella, sino que forman parte de esta. Pero todo lo demás sí. «Todas las creaturas irracionales, e insensibles y carentes de vida, que nacen y mueren con las corrientes continuas del movimiento dependen de la ley eterna de Dios».[92] Esto porque no cuentan con conocimiento y necesitan ser así orientadas. «Todas las acciones humanas, o sea, libres, están sujetas a la ley eterna y todas están bajo su dependencia mucho mejor y más perfectamente que las demás de orden inferior».[93] En efecto, las acciones humanas se orientan a un fin, que conocen y desean.

En cuanto a la ley natural, Soto dice que es algo que existe en nosotros. «La ley natural se halla grabada e impresa en nuestras

---

[87] Ibíd., lib. I, q. 2, a. 2; ed. cit., t. I, p. 20a.

[88] Ibíd., lib. I, q. 3, a. 1; ed. cit., t. I, p. 21b.

[89] Ibíd., lib. I, q. 3, a. 2, concl. unic.; ed. cit., t. I, p. 23a.

[90] Ibíd., lib. I, q. 3, a. 3, concl. unic.; ed. cit., t. I, p. 24a.

[91] Ibíd., lib. I, q. 3, a. 4, concl. 1; ed. cit., t. I, p. 26a.

[92] Ibíd., lib. I, q. 3, a. 4, concl. 2; ed. cit., t. I, p. 27a.

[93] Ibíd., lib. I, q. 3, a. 4, concl. 3; ed. cit., t. I, p. 27b.

almas».[94] Porque Dios así la ha revelado al hombre. Sin embargo, «la ley natural no es potencia, ni pasión, ni tampoco sustancialmente hábito».[95] Esto, porque el hábito no es un juicio, sino una cualidad. Pero «la ley natural se halla en nosotros a modo de un hábito»,[96] porque no solamente la conocemos cuando actuamos, sino constantemente. Y eso que permanece son las especies que están en la memoria. Es un hábito distinto de la sindéresis, la cual es el hábito de los primeros principios prácticos: buscar el bien y evitar el mal.

Asimismo, se pregunta si la ley natural contiene muchos preceptos. Soto responde que trata de los que son conocidos de suyo (*per se*), sin necesidad de discurso, y responde que «los preceptos propios de la ley natural, es decir, los primeros principios conocidos por sí mismos, son muchos».[97] Esto porque el hombre tiene unos en cuanto ser, en cuanto viviente, animal y racional. «A pesar de lo dicho la ley natural es una»,[98] porque esa unidad se la da el fin, que es único: el bien en general. Por otra parte, todos los actos de virtud son de ley natural. «Todas las virtudes humanas son conformes con la naturaleza del hombre»,[99] pues toda virtud consiste en obrar de acuerdo con la razón. Pero hay restricciones: «Si nos fijamos en los actos de las virtudes según sus materias y especies, no todas son de ley natural»,[100] porque hay virtudes de ley humana. Por lo demás, hay una sola ley natural para todos los mortales. Solo que hay que distinguir entre los principios naturales y las conclusiones que salen de ellos. «La ley natural, considerada solamente en cuanto a sus principios, es la misma en todos los hombres, no solo en cuanto a su rectitud, sino también en cuanto a su conocimiento»,[101] porque son verdaderos en todas partes. En cambio, «la ley natural, considerada en sus

---

[94] Ibíd., lib. I, q. 4, a. 1, concl. 1; ed. cit., t. I, p. 29a.

[95] Ibíd., lib. I, q. 4, a. 1, concl. 2; ed. cit., t. I, p. 29a.

[96] Ibíd., lib. I, q. 4, a. 1, concl. 3; ed. cit., t. I, p. 29b.

[97] Ibíd., lib. I, q. 4, a. 2, concl. 1; ed. cit., t. I, p. 31a.

[98] Ibíd., lib. I, q. 4, a. 2, concl. 2; ed. cit., t. I, p. 31b.

[99] Ibíd., lib. I, q. 4, a. 3, concl. 1; ed. cit., t. I, p. 33a.

[100] Ibíd., lib. I, q. 4, a. 3, concl. 2; ed. cit., t. I, p. 33a.

[101] Ibíd., lib. I, q. 4, a. 4, concl. 1; ed. cit., t. I, p. 34b.

conclusiones, aunque por lo general sea la misma en todos, tanto en la rectitud, como en el conocimiento, falla, sin embargo, por lo que se refiere a la rectitud, por los obstáculos particulares de algunos, y por lo que se refiere al conocimiento, por las tinieblas con que ciegan a la razón las costumbres depravadas».[102] Viene una pregunta difícil: si la ley natural puede ser mudada o abolida. Soto distingue dos modos de cambio, por añadidura o por sustracción. Y responde así: «No hay inconveniente en que la ley cambie de la primera manera».[103] Es decir, añadiendo elementos, como los que provienen de la ley divina. «La ley natural, en sus primeros principios, no puede en manera alguna cambiarse del segundo modo dicho, es decir, no puede hacerse que lo que primero fue de ley natural, deje más tarde de serlo».[104] Además, «la ley natural, en cuanto a sus principios y mandamientos primarios no puede desarraigarse totalmente de la mente de los hombres; pero en cuanto a sus conclusiones y mandamientos secundarios puede borrarse alguna vez, aunque no muchas, del conocimiento de algunos hombres»,[105] porque puede haber individuos bárbaros que estén tan pervertidos que no consideren pecados cosas que vayan contra la ley natural.

Aborda luego la ley humana. Y, de esta manera, Soto trata la ley eterna (que está en la mente de Dios, ordenando todas las cosas hacia sus fines), la ley natural (que es plasmación de esta y Dios la da al hombre para que persiga sus fines apropiados) y las leyes positivas, que tienen que reflejar a la natural, tanto en la ley divina como en la ley humana. La ley divina se divide en la del Antiguo Testamento y la del Nuevo, y la ley humana se parte en derecho de gentes y derecho civil.[106] En cuanto a la ley humana, nuestro autor dice que se deriva de la ley natural y tiene que apegarse a ella.[107] Habla del

---

[102] Ibíd., lib. I, q, 4, a. 4, concl. 2; ed. cit., t. I, p. 35a.

[103] Ibíd., lib. I, q. 4, a. 5, concl. 1; ed. cit., t. I, p. 36b.

[104] Ibíd., lib. I, q. 4, a. 5, concl. 2; ed. cit., t. I, p. 36b.

[105] Ibíd., lib. I, q. 4, a. 5, concl. 3; ed. cit., t. I, p. 37a.

[106] Ibíd., lib. I, qq. 5-7.

[107] Ibíd., lib. I, q. 5, a. 2; ed. cit., t. I, p. 40a.

poder de dicha ley, que es el de refrenar los vicios.[108] También aborda el tema de la mudanza de la ley humana, pero dice que no debe cambiarse de cualquier manera, sino solo por el bien.[109] Igualmente, abarca las costumbres y las dispensas que otorgan los superiores.

Sobresale el tratamiento que hace Soto del derecho de gentes.[110] Sostiene que, aun cuando este se obtiene por conclusiones a partir del natural, es positivo, porque lo establecen los hombres, claro que atendiendo a lo que norma el derecho natural, que ilumina a la razón para que proporcione los medios a los fines. Es positivo, y no natural, porque no lo dicta la naturaleza, sino que responde a las convenciones que se dan entre los seres humanos, con un alcance muy grande, es decir, incluso entre países. Y el derecho civil surge como determinación de los principios del natural y como concreción de estos.

El que Soto pusiera el derecho de gentes como no natural, sino positivo, levantó revuelo; inclusive se ha visto que en ello se aparta de santo Tomás. Esto lo señala el padre Santiago Ramírez, gran conocedor del Aquinate. Soto pone como derecho de gentes todo lo que se concluye de los primeros principios, sobre todo como conclusiones remotas.

> Desviación que llega a su colmo cuando comenta el artículo tercero de la cuestión 57 de la *Secunda Secundae*. El derecho de gentes no consiste propiamente en las conclusiones obvias y necesarias de los primeros principios, sino únicamente en las remotas y contingentes, es decir, meramente probables o convenientes, aunque esa conveniencia sea muy grande. Las conclusiones próximas y necesarias pertenecen al derecho natural, no al derecho positivo, dentro del cual debe catalogarse el derecho de gentes. Y como los preceptos morales del Decálogo pertenecen al derecho natural, síguese que no pueden considerarse como de derecho de gentes.[111]

---

[108] Ibíd., lib. I, q. 6, a. 2; ed. cit., t. I, p. 47b.

[109] Ibíd., lib. I, q. 7, a. 1; ed. cit., t. I, p. 73b.

[110] Ibíd., lib. I, q. 5, a. 4; ed. cit., t. I, p. 44a ss.

[111] S. Ramírez, *El derecho de gentes. Examen crítico de la filosofía del derecho de gentes desde Aristóteles hasta Francisco Suárez*, Madrid: Stvdivm, 1955, p. 146.

Mauricio Beuchot

Pero de ahí también se sigue, como señala Ramírez, que el derecho de gentes es derogable en muchos casos, aunque en otros no se pueda dispensar.

Sin embargo, tal parece que lo que Soto deseaba señalar era que el derecho de gentes depende más del convenio entre los hombres que de la naturaleza. No obstante, es diferente del derecho civil, porque el primero procede por conclusiones a partir del natural y, por su origen, está más cerca de ese derecho, mientras que el segundo surge de una premisa arbitraria que se le añade al natural para aplicarlo al caso particular. También porque el primero tiene una claridad que le da el derecho natural sin necesidad del acuerdo previo de los hombres, mientras que el segundo requiere el acuerdo de estos. Y, asimismo, porque el primero abarca todos los pueblos, mientras que el segundo solo pertenece a uno de ellos.[112]

Además de la ley, se da el derecho. Este puede ser natural o positivo y es el objeto de la justicia. Esta virtud es definida como Ulpiano: la voluntad constante y perpetua de dar a cada uno lo suyo, es decir, lo que se le debe, esto es, su derecho. La justicia es, desde Aristóteles, general (o legal) y particular. La general o legal mira al bien común y se da en el gobernante de manera principal, pues él ordena y dispone, y en los súbditos de manera secundaria, pues ejecutan lo que se ha dispuesto. La justicia particular mira al bien individual, logrando la equidad o igualdad. La justicia conmutativa busca la igualdad aritmética; la justicia distributiva, la igualdad geométrica. De manera correspondiente, la injusticia puede ser general o particular.

En el caso de la justicia general o legal, el juicio es el que determina el derecho. Es recto si lo pronuncia un juez competente que trate de salvar la justicia y de obedecer a la prudencia. Si la ley escrita se apega al derecho natural, el juez debe fallar ajustado a ella. Pero, ya que la ley escrita es falible, porque es humana, el juez debe fallar atendiendo al derecho natural, apegándose a él lo más posible. En el caso de la justicia conmutativa, se relaciona con las personas

---

[112] D. de Soto, ed. cit., lib. III, q. 1, arts. 2 y 3; ed. cit., t. II, pp. 194b ss.

privadas. Regula el uso privado de las cosas, viéndolas como pertenecientes a otra persona, por lo que a ella se le deben. Por otro lado, la justicia distributiva trata de establecer la igualdad del todo, que es la sociedad política, en relación con sus partes, que son los ciudadanos. Su materia son las cosas que la sociedad civil reparte entre los individuos y tiene como vicio opuesto a ella la acepción de personas. La justicia conmutativa se refiere al dominio y a la restitución. Esta clase de justicia modera los tratos y los contratos. El dominio es lo que permite hacer pactos y contratos. Las faltas a ella son contra el dominio y se reparan con la restitución.

Además, relacionada con el dominio está la autoridad, la cual nos abre paso para estudiar el Estado o Gobierno y la sociedad civil o ciudadanía.

FILOSOFÍA POLÍTICA

Soto, al igual que los maestros de Salamanca, se basa en el derecho natural.[113] Como ya decían Aristóteles y santo Tomás, el hombre es por naturaleza sociable, porque no puede por sí solo satisfacer sus necesidades. Por eso, se reúne en sociedad. Pero la sociedad, para marchar hacia el bien común, necesita una autoridad que la rija. Con respecto al origen del poder o autoridad civil, Soto dice, siguiendo a Vitoria, que procede de Dios, pero a través de la ley natural y la república; es decir, mediatamente proviene del Creador, pero inmediatamente del pueblo.[114] Dios concede la autoridad de modo mediato y el dominio de modo inmediato. Da la autoridad a la sociedad y esta la entrega al gobernante.

Así, el pueblo concede la autoridad, dominio o poder a un gobernante, pero conserva su derecho de tomar cuentas a este, porque puede pervertir su gobierno y volverse tirano. Y hay derecho de

---

[113] V. D. Carro, ed. cit., pp. 216 ss.; J. Brufau Prats, *El pensamiento político de Domingo de Soto y su concepción del poder*, Salamanca: Universidad de Salamanca, 1960, pp. 150 ss.

[114] D. de Soto, ed. cit., lib. IV, q. 4, art. 1; ed. cit., t. II, p. 302.

oponerse al tirano y de no acatar leyes que sean malas o inútiles. Esto es algo que esgrimirá Bartolomé de las Casas para conseguir las Leyes Nuevas de Indias.

El gobernante o rey puede dar leyes, pero también debe obedecerlas. Está por encima de todos y cada uno de los súbditos y, por eso, la república no puede destronarlo por cualquier motivo, sino cuando degenere en tirano. Él recibe la potestad para servir a la nación, no para servirse de ella. En cuanto al mejor régimen de gobierno, Soto dice que la monarquía, en seguimiento de la escuela.[115]

Para Soto, el rey debe ser hombre bueno y adornado de todas las virtudes.[116] Está sujeto a las leyes, a sus leyes, pues pertenece a la república. Pero no es un mero administrador, es la autoridad, es la misma república. Todo debe ordenarse al bien común, pues el que todo lo ordena a su bien particular es el tirano. Por eso, el rey o gobernante no tiene poderes ilimitados, su poder tiene límites, que están dictados por la ordenación al bien de la comunidad. Cuando esto no se cumple, el gobernante se ha vuelto tirano y el pueblo puede deponerlo en bien de la república.

Los gobernantes deben elegir a los funcionarios para el bien y servicio de la república. Soto dice que en esto no solo hay justicia distributiva, sino también conmutativa, pues se les pagan sueldos para que lo hagan.[117] Por lo demás, cuando habla de la conquista de América, rechaza que el papa tenga poder temporal directo; lo tiene solo indirecto, pues su autoridad es espiritual. También niega que el emperador tenga dominio sobre el orbe; por eso, ni el papa ni el emperador pueden reclamar las Indias.

En su relección *De dominio*, en el curso 1534-1535, es decir, cuatro años antes de las dos de Vitoria *De indis*, Soto se planteaba el problema de la legitimidad de la conquista. Sin embargo, allí dice que no tiene conocimiento seguro del asunto. «Señala como posibles títulos, el derecho a predicar el Evangelio y el derecho a la legítima

---

[115] V. D. Carro, ed. cit., pp. 225-226.
[116] D. de Soto, ed. cit., lib. I, q. 2, a. 2; ed. cit., t. I, pp. 20-21.
[117] Ibíd., lib. III, q. 6, a. 4; ed. cit., t. II, p. 266.

defensa frente a los que impidieren tal predicación».[118] Pero esto sería una guerra defensiva y, como la otra es ofensiva, recalca que no las tiene todas consigo. No ve de dónde venga tal derecho. Pero ya en sus comentarios a la *Sentencias* lo asienta claramente. Además, su participación en las Juntas de Valladolid influyó para la conclusión de estas, la cual fue la prohibición de las conquistas.[119]

En el ámbito político, una de las doctrinas que potenció fue la del pacto o contrato social. La autoridad la da Dios, pero no directamente, sino a través del pueblo, al gobernante. «Dios entrega la soberanía a la sociedad; y esta la transmite luego a la persona que, a su juicio, ha de cumplir mejor los fines que corresponden a la soberanía. De este modo es la sociedad quien constituye en superior al hombre, no solo de cada individuo en particular, sino también de toda la comunidad. El soberano no pierde la potestad que se le otorgó, a menos que se convierta en tirano».[120] Todo esto ya estaba dicho, pero Soto lo recalca mejor que Vitoria, por ejemplo, y, con su idea de que el derecho de gentes no es natural, sino positivo, da un margen más democrático a los pactos entre las naciones. Sin embargo, mucho quedaba todavía por desarrollar.

En el ámbito del derecho, fue una gran innovación de Soto la de poner el derecho de gentes ya no como natural, sino positivo. Con ello, recalcaba el carácter de convención que hay en las disposiciones jurídicas que se establecen entre los países.

> Pero, aunque el derecho de gentes sea derecho establecido por la voluntad racional de los hombres, derecho positivo, se distingue, sin embargo, del derecho civil; y esto por tres razones bien ostensibles. Primera: Porque el derecho de gentes se deriva por modo de conclusiones de la naturaleza de las cosas supuesta su ordenación por la voluntad del hombre a un fin determinado en circunstancias dadas, mientras que el derecho civil

---

[118] J. Brufau Prats ed. cit., p. 193.

[119] Ibíd., p. 216.

[120] M. Solana, *Historia de la filosofía española. Época del Renacimiento (siglo XVI)*, Madrid: Asociación Española para el Progreso de las Ciencias, 1940, p. 124.

se colige de un principio natural y de otra premisa puesta por el libre arbitrio del hombre, y, por consiguiente, no resulta por vía de ilación o consecuencia de los principios generales, sino por modo de determinación y concreción a un caso particular de esos principios generales. Segunda: Porque para que sea establecido lo que es de derecho de gentes no se precisa la reunión de todos los hombres en un determinado lugar, pues a cada uno de los hombres enseña y muestra la razón natural que debe existir la igualdad o adecuación propia del derecho de gentes; mas para constituir el derecho civil se requiere la reunión de los hombres, al menos de aquellos a quienes corresponde la autoridad legislativa, en un lugar cierto y determinado. Tercera: Porque el derecho de gentes es propio de todos los pueblos y naciones, mientras que el derecho civil lo es solamente, según enseña san Isidoro, de aquel pueblo o nación que lo constituye.[121]

Sin embargo, hay aquí un equilibrio proporcional, o analógico, entre el aspecto positivo y el aspecto natural que se combinan en esa concepción innovadora del derecho de gentes:

> Es precisamente esta doctrina del derecho de gentes la que obtiene un desarrollo más original en Domingo de Soto. La idea de que el derecho de gentes no es natural, sino positivo, sorprendió. Con ello quería Soto llamar la atención sobre lo que el derecho de gentes tiene de convención humana, puesto que son los hombres quienes lo establecen, en orden a cumplir los fines que les convienen. No hay, por tanto, en el derecho de gentes la necesidad con que se impone el derecho natural, pues en este el derecho lo determina la misma naturaleza de las cosas.[122]

Ya hemos visto que Soto sigue con independencia al Aquinate y, a veces, se aparta un tanto de él.

Las obras jurídico-políticas de Soto tuvieron igual fama que las de su maestro Vitoria. Como se ve, en seguimiento de este, Soto

---

[121] Ibíd., p. 127.

[122] J. L. Abellán, *Historia crítica del pensamiento español, vol. 2) La edad de oro (siglo XVI)*, Madrid: Espasa-Calpe, 1979, pp. 533-534.

despliega las doctrinas republicanas y las aplica al problema del Nuevo Mundo. Al igual que su mentor, influyó en Bartolomé de las Casas, con el cual sostuvo una correspondencia que se conoce. La excelencia de la doctrina jurídico-política de Soto se debe a su gran fuerza filosófica, pues fue un consumado lógico. De la dialéctica, toma la noción de analogía, procedente de Aristóteles y santo Tomás, a través de Cayetano, pero con independencia de él. Inclusive, influirá en la doctrina de la analogía profesada por Suárez, que privilegió la analogía de atribución sobre la de proporcionalidad, pero ya algo se ve de esta paridad en Soto.[123] Es lo que abrirá las puertas para que otros posteriores, como Francisco de Araújo, traten de no privilegiar ninguna de ellas, sino usarlas en igualdad de fuerza explicativa. Es la noción de analogía, propia de esta tradición, la que le permitió elaborar bien la teoría de la justicia, la del dominio y la del derecho de gentes, pues la justicia es proporción, es decir, analogía aplicada; el dominio viene de Dios, pero tiene su proporción en el pueblo, que está autorizado para conferirlo al gobernante, y el derecho de gentes tiene una mayor proporción de consenso que de derecho natural, aunque dependa de él y en ese sentido no se reduzca al positivo civil.

CONCLUSIÓN

Continuadora de la obra jurídico-política de Vitoria, la de Soto fue clásica mucho tiempo. Fue utilizada tanto por españoles como por muchos otros. Dado que es un referente, merece nuestro estudio. Nos ayuda a reafirmar los conceptos y principios más importantes de estas temáticas.

En especial, este pensador nos enseña la ligazón de la antropología filosófica y la ética con el derecho y la política. Necesitamos conocer al ser humano para darle normas que le convengan, para no darle leyes inhumanas o injustas.

---

[123] E. J. Ashworth, «Domingo de Soto (1494-1560) on Analogy and Equivocation», en I. Angellelli – M. Cerezo (eds.), *Studies on the History of Logic*, Berlín y New York: Walter de Gruyter, 1996, pp. 117 ss.

La lógica formal
en Domingo de Soto

INTRODUCCIÓN

Atenderemos a un lógico genial, Domingo de Soto, que ocupa un lugar destacado en la historia de esta disciplina. Escribió sobre lógica y física y fue tan aceptado que se llegó a usar el dicho «qui scit Sotum, scit totum» ('el que se sabe a Soto, sabe todo'). En lógica, abarcó tanto la lógica menor o formal, las súmulas, como la lógica mayor o material, la dialéctica (o lo que ahora conocemos como «filosofía de la lógica»). La palabra *súmulas* era ya un término técnico que designaba en la formación de un escolástico el curso elemental de lógica. Se seguía el texto de Pedro Hispano *Summulae logicales*,[124] o bien —y más frecuentemente— el texto de un comentarista suyo, uno de los cuales, y quizá el más famoso, fue Soto. Su texto tuvo una primera edición en 1529 y una segunda en 1543. Esto quiere decir que el estudio de la Filosofía (o «Artes», como se la llamaba en el ambiente académico de aquel entonces) era el primero que se instituía.

SOTO COMO PARADIGMA EN LA HISTORIA DE LA LÓGICA

Domingo de Soto fue un sabio dominico, gran lógico que había conocido el nominalismo (semillero de notables estudios de lógica formal)

---

[124] El título original de esa obra era *Tractatus*. Véase L. M. de Rijk, «Introducción» a P. Hispano, *Tractatus, llamados después Summulae Logicales*, trad. de M. Beuchot, México: UNAM, 1986, pp. XLVII ss.

en Alcalá y en París, en el Colegio de Sainte Barbe. De sus numerosas obras, tanto de filosofía como de teología, las de lógica son *Summulae* e *In Dialecticam Aristotelis*. Si en física se lo considera uno de los predecesores de Galileo en la cuestión de la caída de los cuerpos graves, en lógica supo conjuntar el genio formal de los nominalistas y la atención a lo ontológico de los tomistas. Su obra lógica fundamental son las *Súmulas* (o compendio), y a ellas atenderemos.

Las *Súmulas* de Soto son comentarios a las *Summulae logicales* de Pedro Hispano, manual medieval que fue el más enseñado y comentado en Europa hasta el siglo XVII. Soto nos dejó dos versiones de sus *Súmulas*: la de 1529 (1.ª edición) y la de 1543 (2.ª edición). Él mismo se duele de la primera edición (por haber hecho demasiadas concesiones a los nominalistas) y recomienda la segunda, que ya tiene un sabor tomista, pues la redactó cuando ya estaba dentro de la orden dominicana. Por eso, esta segunda edición fue la adoptada definitivamente y es la que veremos.[125]

ESTRUCTURA DE LAS *SÚMULAS*

En la estructura de las *Súmulas* de Soto, encontramos los contenidos que se harían típicos en la enseñanza escolástica; el exponerlos nos servirá como una breve introducción y preparación para estos temas. Soto distribuye su material en cinco libros y un apéndice: (i) «Sobre el término»; (ii) «Sobre las proposiciones categóricas y las propiedades de los términos»; (iii) «Sobre la oposición y la conversión de las proposiciones, estudio de las proposiciones modales y de las proposiciones hipotéticas»; (iv) «Sobre las proposiciones exponibles»; (v) «Sobre el silogismo», y (vi) «Apéndice sobre las obligaciones lógicas y las proposiciones insolubles».[126]

---

[125] V. Muñoz Delgado, Domingo de Soto y la ordenación de la enseñanza de la lógica, *Ciencia Tomista*, 87 (1960), pp. 467 ss.; *Lógica formal y filosofía en Domingo de Soto (1494-1560)*, Madrid: Ediciones de la Revista Estudios, 1964, pp. 19 ss.

[126] Utilizo las *Summulae* de Domingo de Soto en una edición de Salamanca: In aedibus Dominici a Portonariis, 1575.

LOS TÉRMINOS

En el libro primero, pues, habla Soto del término (3ra ss.).[127] Pero allí mismo introduce la lógica como disciplina y dice que es el arte o ciencia de disputar y el camino para conseguir las demás ciencias. Ella versa sobre las tres operaciones del intelecto, que son: (a) la simple aprehensión, que produce el concepto y tiene como signo el término; (b) la composición-división, que produce el juicio y tiene como signo la proposición o enunciado, y (c) el raciocinio, que produce la inferencia y tiene como signo el silogismo. Tiene como objeto adecuado el ente de razón y como objeto de principalidad, la consecuencia (inferencia o argumentación).[128]

Por eso, nuestro autor trata primero del término y del modo que tiene de significar. Se extiende en explicar el signo y la significación (signo natural, arbitrario y consuetudinario) hasta que desemboca en el signo especial, que es el término. Lo define como «la voz significativa por convención, de la cual se confecciona la proposición» (5rb). Un ejemplo es *hombre*.

Pasa después a dividir el término. La primera división es en mental, oral y escrito (6ra). El término mental es la noticia y el concepto, que son lo que el hombre *dice* mentalmente y representa exteriormente con la voz, y al término oral lo representa con el escrito.

La segunda división del término es en unívoco y equívoco (7ra). Términos unívocos son los que siempre representan sus significados con el mismo concepto, como *hombre*, que designa con igual sentido a todos los hombres. Los equívocos son los que representan sus significados con diversos conceptos y pueden ser meramente casuales, como *Domingo*, que designa a varias personas distintas, o deliberados y sistemáticos, como *sano*, que designa al animal, al clima y al alimento; en este último caso, los equívocos (sistemáticos) se llaman «análogos».

---

[127] Citaré dentro del texto entre paréntesis, indicando el folio, el lado y la columna.

[128] V. Muñoz Delgado, *Lógica formal y filosofía en Domingo de Soto*, ed. cit., pp. 52 ss.

El término unívoco se divide en categoremático y sincategoremático (8ra). Categoremáticos son los que significan algo por sí mismos, como el nombre y el verbo. Sincategoremáticos son los que significan por acompañar a los anteriores. Por ejemplo, en la oración o enunciado «El hombre corre velozmente», son categoremáticos *hombre* y *corre*, y son sincategoremáticos *el* y *velozmente*.

El término categoremático tiene tres divisiones: (a) En común y singular: es común el que significa muchas cosas de manera dividida, como *hombre*; singular es el que significa una cosa individual e indivisa, como *Pedro*. (b) En absoluto y connotativo: absoluto es el que significa algo como existente por sí, por ejemplo *hombre* y *blancura*; connotativo es el que significa algo como inherente a otro, por ejemplo, *blanco* o *ciego*. (c) En término de primera intención y de segunda intención: el de primera es el que significa algo como está en la realidad extramental, por ejemplo, *hombre* o *blanco*; el de segunda es el que significa algo como está en la mente o como concepto de conceptos, por ejemplo, *especie, nombre, antecedente, conclusión,* etc. (9ra-11va).

También se pueden dividir los términos en simples y complejos (11vb). Los simples son aquellos cuyas partes no significan nada de por sí, como *hombre* y *casa*; complejos son aquellos cuyas partes significan algo, como *caballo brioso, portafolios,* etc.

Finalmente, Soto divide los términos en impertinentes y pertinentes (12ra). Los impertinentes no tienen ninguna conexión y son disparatados, como *hombre* y *piedra*. En cambio, los pertinentes tienen relación entre sí, ya sea de consecuencia, ya sea de repugnancia; por ejemplo, tienen consecuencia *animal* y *hombre* y tienen repugnancia *blanco* y *negro*.

LAS PROPOSICIONES

En cuanto al tratado de la proposición o enunciado, Soto explica la naturaleza de la categórica o simple, como «Sócrates es sabio» (13va). Esta se distingue de los demás tipos de oraciones en que es aseverativa, a diferencia de la optativa («Quisiera que fueras a París»), la imperativa («¡Cierra la puerta!») y la interrogativa («¿Estudiarás metafísica?»), que no pueden ser verdaderas ni falsas porque no afirman ni niegan. Por tanto, la proposición es la oración que afirma o niega y, por ello, tiene valor veritativo (verdad o falsedad). La proposición consta de sujeto y predicado y se compone principalmente de términos categoremáticos, como el nombre (substantivo y adjetivo, pero también incluye a los pronombres y los participios) y el verbo. Y, como agregados, contiene, además, los términos sincategoremáticos, que contribuyen al sentido de la enunciación.

Los términos en la proposición adquieren ciertas propiedades lógico-semánticas además de la significación (que puede tener el término independientemente de la proposición), a saber, adquieren las propiedades de la suposición, la ampliación, la restricción, la alienación y la apelación, propiedades que es importante explicar con cierto detalle.

La suposición «es la acepción del término en lugar de algo de lo que se verifica. Por ejemplo, el sujeto de esta proposición: "el hombre es animal" supone por el hombre, porque se toma en lugar de él, esto es, se pone en vez del hombre, del que afirmamos que es animal» (24ra).[129]

Después de definir la suposición, Soto la clasifica. Se divide primeramente en propia e impropia. Un término tiene suposición impropia cuando se toma en lugar de algo que significa impropiamente; por ejemplo, cuando *león* se toma en lugar del hombre feroz. Un término tiene suposición propia cuando se toma en lugar de lo que significa propiamente; por ejemplo, cuando *león* se toma en lugar del león verdadero. La suposición impropia (25va), que es la de los tropos literarios, se divide, según Soto, en metafórica (cuando el término efectúa una metáfora, como llamar *auriga* al gobernante), catacrética (cuando el término efectúa una catacresis, como llamar «parricida» al que mató a su hermano), metaléptica (cuando

_____

[129] Ver B. Valdivia, La suposición en la *Logica parva* de Pablo de Venecia, *Acta Poética*, 8 (1987), pp. 125 ss.

el término efectúa una metalepsis; por ejemplo, en «Después de un tiempo veo las aristas de mi reinado», donde *arista* se toma en lugar del año), metonímica (cuando el término efectúa una metonimia; por ejemplo, *copa* en lugar de *vino*, en «Se bebió una copa»), sinecdóquica (cuando el término efectúa una sinécdoque; por ejemplo, en «Hizo proa al Ponto») y antonomástica (cuando el término designa algo por antonomasia; por ejemplo, llamar «el Filósofo» a Aristóteles o «el Apóstol» a san Pablo).

La suposición propia se divide en material, simple y personal. La material es la acepción del término en lugar del vocablo o término mismo; por ejemplo, «*Hombre* es un nombre», «*Casa* es bisílabo». Corresponde a la mención metalingüística de la expresión misma. La suposición simple es la acepción del término en lugar de aquello que significa de manera primaria e inmediata, y no de manera mediata; por ejemplo, en «El hombre es una especie», *hombre* tiene suposición simple, porque lo que un término significa de manera inmediata es el universal y de manera mediata, los individuos, y aquí significa el universal o lo simple e inmediato. La suposición personal es la acepción del término en lugar de los individuos o en lugar de lo que se significa de manera mediata; por ejemplo, en «El hombre es animal» o en «Todo hombre es animal», *hombre* está por los individuos, no por el universal (26rb).

La suposición personal se divide —según su orden al verbo o cópula— en natural (o esencial) y accidental. La natural es la acepción del término en lugar de aquello a lo que el predicado conviene intrínseca y esencialmente; por ejemplo, *hombre* en «El hombre es racional». La suposición accidental es la acepción del término por aquello a lo que el predicado conviene de manera contingente y accidental; por ejemplo, «El hombre es joven» o «El hombre está sentado» (26va).

Además, por parte de la significación, la suposición accidental se divide en común y singular (o discreta). La común es la acepción del término en lugar de sus inferiores o individuos, como en «El hombre discute». La singular es la acepción del término en lugar de una cosa singular, como en «Pedro discute» o «Este hombre discute» (27ra).

La suposición común —atendiendo a los signos cuantificadores que afectan al término— se divide en determinada y confusa (27rb). La determinada es la acepción del término común indefinido o del afectado por un signo de particularidad, como en «El hombre discute», «Algún hombre discute». La confusa es la acepción de un término común determinado por un signo de universalidad o también por un signo especial de confusión, como en «Todo hombre discute» o «Solo el hombre discute».

Esta suposición confusa se divide en distributivamente confusa y meramente confusa (27va). La distributivamente confusa es la acepción de un término común que es inmediatamente afectado por un signo de distribución, como *hombre* en «Todo hombre discute». La meramente confusa es la acepción del término que es mediatamente afectado por un signo universal afirmativo (como *animal* en «Todo hombre es animal») o por algún signo especial de confusión (como *hombre* en «Solo el hombre discute») y *ojo* en «Se requiere el ojo para ver», donde «se requiere» es un signo especial de confusión, o una frase de análisis lógico difícil.

Finalmente, la suposición meramente confusa se divide en disyunta y copulada (27vab). La disyunta la tiene el término afectado por un signo divisivo, como *todo* en «Todo hombre camina», y es signo divisivo porque distribuye o cuantifica sus individuos con claridad; la copulada la tiene el término afectado por un signo colectivo, como en «Todos los apóstoles son doce». La copulada y la disyunta se llaman así por el tipo de *ascenso* y *descenso* (lógicos o inferenciales) que permiten. El ascenso lógico corresponde a la inducción o generalización, porque consiste en pasar de los individuos a lo universal; el descenso lógico equivale a la instanciación o ejemplificación, pues consiste en pasar del universal a los individuos. Apliquemos, para tener un ejemplo, el descenso lógico. De «Todo hombre discute» se infiere «Luego, Juan o Pedro o Santiago, etc., discuten» (es de sujeto disyunto, es decir, *hombre* tiene suposición disyunta); y de «Todos los apóstoles son doce» se infiere «Luego, Juan y Pedro y Santiago, etc., son doce» (es de sujeto copulado, es decir, *apóstoles* tiene suposición copulada); pero no vale «Luego, Pedro o Juan o Santiago, etc., son doce» (27va).

Trata, además, Soto de la suposición de los términos relativos, como *que, el cual, el otro,* etc., y suelen tener la misma que el término al que corresponden; por ejemplo, «Sócrates, el cual discute, es sabio»: en ella, tanto *Sócrates* como *el cual* tienen la misma suposición, a saber, singular (28ra ss.). También trata aquí el ascenso y el descenso, que son la generalización y la instanciación de los términos (30rb).

Otra de las propiedades del término en la proposición es la *ampliación* (32vb). Esta consiste en la extensión del término, de una suposición menor a otra mayor o más extendida; por ejemplo, en «El hombre puede ser justo», *hombre* se amplía más que en «El hombre es justo». En cambio, la restricción es la coartación de un término, de una suposición mayor a otra menor; por ejemplo, «El hombre que es justo es sabio» (donde *hombre* está más coartado o restringido que en «El hombre es sabio»). Y la alienación es la desviación de un término, de una suposición propia a una impropia; por ejemplo, en «El hombre es un animal pintado» (aquí, *animal pintado* indica que *hombre* pasa a una suposición impropia, pues la tendría propia si se le predicara solo *animal*). Finalmente, la apelación es la aplicación del significado formal (o principal) de un término al significado formal de otro. La apelación es doble: real y de razón. La real es la aplicación de un accidente real, como en «Pedro es un lógico *grande*» (donde la apelación consiste en que no es grande sin más, sino en cuanto lógico), y la de razón es la aplicación de un accidente de razón o pensado, como en «El hombre es una especie» (pues el hombre es propiamente los individuos, y no la especie) (36ra).

Más adelante, Soto aborda el tema de las oposiciones y conversiones de las proposiciones (39r ss.) La oposición entre proposiciones es la relación que adquieren estas de acuerdo con su cantidad (universal o particular) y su cualidad (afirmativa o negativa). Así, son contradictorias, contrarias, subcontrarias y subalternas. En efecto, las proposiciones se reducen a cuatro combinaciones de cantidad y cualidad: la universal afirmativa, como en «Todo hombre es justo», proposición a la que tradicionalmente se designa con la letra *A*; la universal negativa, como en «Ningún hombre es justo», tradicionalmente designada con la letra *E*; la particular afirmativa, como en «Algún hombre es justo», proposición a la que tradicionalmente se designa con la letra *I*, y la particular negativa, como en «Algún hombre no es justo», tradicionalmente designada con la letra *O*.

Las proposiciones contradictorias son las que se oponen en cantidad y cualidad, esto es, si una es universal, la otra es particular y, si una es afirmativa, la otra es negativa; tales son las proposiciones que hemos llamado *A* y *O*, así como *E* e *I*. Las contrarias se oponen en cualidad (una es afirmativa y la otra negativa) y coinciden en cantidad (ambas son universales), son *A* y *E*. Las subcontrarias se oponen en cualidad, pero con cantidad particular, a saber, *I* y *O*. Las subalternas no se oponen propiamente, pues solo se oponen en cantidad: *A* e *I*; *E* y *O*. Las leyes de la verdad para las opuestas son las siguientes: (i) las contradictorias se oponen máximamente, es decir, si una es verdadera, la otra por fuerza es falsa, y a la inversa; (ii) las contrarias no pueden ser las dos verdaderas, pero pueden ser las dos falsas; (iii) las subcontrarias no pueden ser al mismo tiempo falsas, pero pueden ser ambas verdaderas, y (iv) entre las subalternas hay reglas que solo se aceptan con la condición de que se presuponga que todas tienen individuos en los que se cumplen (condición existencial que acepta la lógica aristotélica, pero no la lógica moderna); por ejemplo, si la universal es verdadera, también lo es la particular y, si la particular es falsa, también los es la universal, etc. (41ra).

Soto estudia las equipolencias entre proposiciones, que proceden de la misma manera que en los manuales actuales (49va-50ra). Las conversiones entre proposiciones, de las que habla Soto, consisten en cambiar unas por otras y son de dos tipos: conversión simple y conversión por accidente. La simple consiste en cambiar el sujeto en predicado y viceversa, dejando sin más la misma cantidad; por ejemplo, «Ningún hombre es inmortal» = «Ningún inmortal es hombre». Y la conversión por accidente consiste en cambiar el sujeto en predicado y viceversa, pero disminuyendo la cantidad; por ejemplo, «Todo hombre es animal» = «Algún animal es hombre». Estas conversiones proposicionales eran tan estudiadas por Soto porque se usaban mucho para probar los silogismos (51rb ss.).

PROPOSICIONES ESPECIALES

Hay tres grandes clases de proposiciones que son tratadas por Soto: las categóricas, las hipotéticas y las modales. Las categóricas son las más simples (como las que hemos visto hasta ahora), en las que la cópula o conectivo es un verbo que se predica de un sujeto o que une al sujeto con el predicado; por ejemplo, «Sócrates es (o existe)», «Sócrates corre» o «Sócrates es hombre». Aquí el verbo *ser* es muy importante, porque puede ser predicado (como en «Sócrates es») o cópula (como en «Sócrates es sabio»). En el primer caso, cuando es predicado, el verbo *ser* se llama «segundo adyacente», porque es el segundo elemento de la proposición, además del sujeto. En el segundo caso, cuando es cópula, se llama «tercer adyacente», porque es un tercer elemento junto con el sujeto y el predicado.

Por otra parte, Soto añade una división de las proposiciones en asertóricas y modales (53ra ss.) Las asertóricas son las categóricas, que ya hemos visto, las cuales no llevan ningún operador modal que cualifique la unión del sujeto con el predicado. Esta cualificación se da en las proposiciones modales, según tres tipos principales: necesario, posible (y contingente) e imposible. Y el modo puede afectar al contenido o dicho (*dictum*) de la proposición de dos maneras: de manera compuesta (o *de dicto*) y de manera dividida (o *de re*). La primera se llama «compuesta» o «de dicto» porque el operador modal califica a todo el dicho de la proposición, y no solo al sujeto; por ejemplo, «Es necesario *que Sócrates sea racional*»; como se ve, afecta al contenido proposicional, pues incluso podría ponerse de manera metalingüística así: «"Sócrates es racional" es necesaria». A diferencia de ella, en la dividida o *de re* se cualifica al sujeto o a la cosa misma; por ejemplo, en «El hombre necesariamente es racional», pues, al utilizarse un adverbio que modifica al verbo, se hace que el modo determine a la cosa y dice que la cosa que es hombre es, por esencia, racional. La cuantificación y la oposición de las proposiciones modales difiere de las que son propias de las categóricas, pues los operadores modales llevan su propia carga de universalidad y afirmación (lo necesario), de universalidad y negación (lo imposible) y de particularidad (lo posible o contingente).

Las otras proposiciones que estudia Soto son las hipotéticas o compuestas (59ra ss.). Son aquellas que constan de dos categóricas o más, unidas por una cópula o conectivo hipotético o proposicional. En este caso, el conectivo no une términos (como en las categóricas), sino que une proposiciones categóricas, formando una proposición compuesta. Pueden ser abiertamente compuestas o virtualmente compuestas. Las abiertamente compuestas son las que ordinariamente llamamos «hipotéticas»; las virtualmente compuestas se denominan «exponibles», porque pueden analizarse o exponerse en varias proposiciones simples que están implicadas en ellas. A estas últimas Soto les dedica un capítulo aparte; por ello, veamos ahora solamente las abiertamente compuestas o hipotéticas. Las hipotéticas son tres: copulativa, disyuntiva y condicional. La condicional es la que une dos categóricas con «si…, entonces…» u otra partícula semejante (59va ss.). Se divide en tres: (a) meramente condicional, cuando lleva el «si…, entonces…», por ejemplo, «Si el hombre es racional, entonces es capaz de aprender», y solo es falsa cuando el antecedente es verdadero y el consecuente falso; (b) ilativa o racional, cuando lleva *luego*, por ejemplo, «El hombre es racional, luego es capaz de aprender», y para ser verdadera exige que, además de seguirse uno de otro, el antecedente y el consecuente sean verdaderos los dos, y (c) causal, cuando lleva *porque*, por ejemplo, «El hombre es capaz de aprender porque es racional», y solo es verdadera cuando, además de ser verdaderos, el antecedente es la causa del consecuente. Además, cabe aclarar que se suplía la que ahora se llama «bicondicional» (como «El hombre es capaz de aprender si y solo si es racional») por la implicación mutua, que es equivalente. La copulativa es la que une dos categóricas con la conjunción *y*; por ejemplo, «Sócrates corre y Platón discute» (64ra ss.). Es verdadera solo en el caso de que las dos componentes sean verdaderas; en los demás casos, es falsa. La disyuntiva es la que une dos categóricas con *o* (67va ss.) y es de dos tipos: (a) inclusiva, cuando permite la realización de los dos disyuntos, por ejemplo, «Duermo o respiro» o «Cicerón fue un gran orador o la historia es maestra de la vida», y (b) exclusiva, cuando no permite la realización de los dos disyuntos, por ejemplo, «Toco las campanas o voy en la procesión». Soto se fija primordialmente en las disyuntivas inclusivas: estas solo son falsas cuando los dos disyuntos son falsos; en los demás casos, son verdaderas.

A las proposiciones exponibles o implícitamente compuestas Soto les dedica un tratado aparte (70rb ss.). Son aquellas que, aun siendo categóricas o simples, virtualmente implican varias proposiciones en las que pueden descomponerse; por eso, son virtualmente compuestas. Son también proposiciones difíciles, pues por razón de algún término obscuro pueden exponerse o analizarse en otras proposiciones más claras y así es posible determinar mejor su sentido (70rb-70va). El término que induce obscuridad puede ser un sincategoremático (por ejemplo, *solo*, *excepto, en cuanto*), un verbo (por ejemplo, *difiere, comienza, termina*, etc.) o un adjetivo (por ejemplo, un comparativo). Las principales son las que deben su obscuridad a un término sincategoremático, y se dividen en exclusivas, exceptivas y reduplicativas. Las exclusivas llevan *solo*; por ejemplo, «Solo el hombre es racional», la cual se expone por una copulativa en la que el predicado se excluye de toda otra cosa: «El hombre es racional y nada más es racional». La exceptivas llevan la partícula *excepto*, como en «Todo animal, excepto el hombre, es irracional», la cual se expone por tres proposiciones unidas por conjunción, a saber, la misma original o preyacente, una universal afirmativa en la que el término que se exceptúa se afirma de la parte exceptuada y una universal negativa en la que se niega el predicado de la misma parte exceptuada; por ejemplo, «Todo animal, excepto el hombre, es irracional» se expone o analiza así: «Todo animal distinto del hombre es irracional, y todo hombre es animal, y ningún hombre es irracional» (71ra). Las reduplicativas llevan *en cuanto* u otra partícula semejante y se dividen en dos: especificativas y propiamente reduplicativas. Las especificativas no indican causa, sino que solo especifican a la cosa; por ejemplo, «El color, en cuanto color, es objeto de la vista». Las reduplicativas indican la causa de la cosa; por ejemplo, «Todo hombre, en cuanto racional, es risible». Pero la que se expone o se analiza es la propiamente reduplicativa; por ejemplo, «Todo hombre, en cuanto racional, es risible» se expone copulativamente con cuatro exponentes, a saber, la original, una afirmativa en la que el término reduplicado se afirma del sujeto, una afirmativa en la que se afirma el predicado del mismo término reduplicado y una causal en la que se expone la razón de la conexión del predicado con el sujeto: «Todo hombre, en cuanto racional, es risible; todo hombre es risible, y todo hombre es racional, y todo racional es risible, y porque algo es racional es risible» (76vb). Como puede apreciarse, estas proposiciones son sumamente complicadas. Esto fue aprovechado por los humanistas, que se burlaban de ellas y de otras cosas de esta lógica.[130] Sin embargo, los lógicos analíticos actuales les han encontrado aspectos interesantes; por ejemplo, como antecedente de la semántica generativa de Jerrold Katz.[131]

LA INFERENCIA SILOGÍSTICA

El otro tratado de las *Súmulas* de Soto está dedicado al silogismo (86ra ss.). Este es una inferencia o consecuencia o argumentación; es decir, un modo de saber o instrumento o artificio lógico en el que una cosa se sigue de otra (18vb). La consecuencia es buena cuando del antecedente se sigue el consecuente y es mala cuando el antecedente es verdadero y el consecuente es falso (19rb). Además, la consecuencia se divide en formal y material, según se atienda a su forma lógica o a su materia o contenido (87ra).[132] La material se da

---

[130] V. Muñoz Delgado, «La crítica de los humanistas a la ciencia y la lógica de la escolástica tardía», en *Actas del simposio Filosofía y ciencia en el Renacimiento*, Santiago: Universidad de Santiago de Compostela, 1988, pp. 341 ss.; «Nominalismo, lógica y humanismo», en M. Revuelta Sañudo y C. Morón Arroyo (eds.), *El erasmismo en España*, Santander: Sociedad Menéndez Pelayo, 1986, pp. 109 ss.

[131] Sobre este tipo de proposiciones, véase Á. Muñoz, Algunos antecedentes medievales de la semántica de J. Katz, *Diánoia* (1983), pp. 211 ss.

[132] Sobre esta división, véase J. Biard, Matière et forme dans la théorie buridanienne des consequences, *Archives d'histoire doctrinale et littéraire du Moyen Âge*, 61 (1989), pp. 151 ss.

cuando solo vale con ciertos términos o en cierta materia (contenido semántico); la formal se da cuando vale en todos los términos de forma semejante, como «Todo animal es substancia, todo hombre es animal, luego todo hombre es substancia», ya que esta inferencia se puede repetir cambiando los términos que conserven la misma verdad o falsedad y la misma coherencia. Además, las principales formas de argumentación —lo dice Soto en otro lugar (60vb)— son el silogismo, la inducción, el entimema y el ejemplo. El silogismo es la deducción o el paso de lo más universal a lo menos universal, en una consecuencia o inferencia válida en la que tanto las premisas como la conclusión son verdaderas; por ejemplo, «Todo hombre es racional; Platón es hombre; luego Platón es racional». La inducción es el proceso inverso, es decir, consiste en pasar de lo menos universal a lo más universal; por ejemplo, «Sócrates, Platón, Aristóteles, etc., son racionales; Sócrates, Platón, Aristóteles, etc. son hombres; luego el hombre es racional». El entimema es un silogismo trunco o abreviado en el cual se omite alguna premisa para abreviar, pero está supuesta en el razonamiento; por ejemplo, «Sócrates es hombre, luego Sócrates es mortal» (se supone la primera premisa o mayor, a saber, «Todo hombre es mortal», si se añade la cual, se tendrá un silogismo completo). Y el ejemplo es una inducción abreviada y, por ello, muy limitada, pues de un caso particular se infiere otro caso particular; por ejemplo, «Es malo que los leoneses luchen contra los asturianos, luego es malo que los asturianos luchen contra los zamoranos». Claramente, la argumentación más importante es la silogística; por ello, Soto le dedica su tratado propio.

Primeramente, Soto hace ver que el silogismo es consecuencia formal, esto es, para su validez no depende de los contenidos, sino de sus leyes y reglas estructurales o de su esquema formal, de su forma lógica (87ra). Tiene tres proposiciones y tres términos. Las proposiciones son dos premisas que se ponen como antecedente, de las cuales se sigue la conclusión como consecuente. Los términos son el término mayor (el de extensión más amplia), el término medio y el término menor. El término medio sirve de enlace entre esos dos para inferirlos unidos en la conclusión, como sujeto el menor y como predicado el mayor; por ejemplo, en «Todo hombre es mortal, Sócrates es hombre, luego Sócrates es mortal», las premisas son «Todo hombre es mortal» y «Sócrates es hombre» y la conclusión es «Sócrates es mortal». El término menor es *Sócrates* (pues tiene la menor extensión), el mayor es *mortal* y el medio es *hombre*, ya que tanto *mortal* como *Sócrates* convienen con *hombre* o entre sí y se pueden extraer en la conclusión como sujeto y predicado (pues dos cosas que convienen con una tercera convienen entre sí, como dice el principio de conveniencia, que rige el silogismo).

En cuanto a la inferencia, el silogismo es una consecuencia formal, porque vale como esquema para ser llenado por cualquier materia de manera semejante al que es válido. Para que dos silogismos tengan forma semejante:

> En primer lugar se requiere que cualquier categórica de uno tenga forma semejante a la categórica del otro en el mismo sitio, por ejemplo, la mayor con respecto a la mayor, la menor con la menor, la conclusión con la conclusión. En segundo lugar, se requiere que, así como es la relación entre las premisas de uno entre sí y como es la de las premisas con la conclusión, así se guarden entre las premisas del otro entre sí y entre las premisas y la conclusión, según la exigencia del lugar [o tópico] dialéctico en esta materia (87rab).

La silogística aristotélica que estudia Soto es todo un sistema axiomático.[133] En él, los axiomas son los cuatro primeros modos de la primera figura. El silogismo tiene tres figuras, dependiendo de que el término medio sea sujeto en la premisa mayor y predicado en la menor o predicado en ambas o sujeto en ambas. Y cada figura tiene varios modos, de acuerdo con la cantidad y la cualidad de sus proposiciones. A los modos se les daban nombres mnemotécnicos, como *Barbara, Celarent, Darii, Ferio*, etc. (91vb). Los teoremas eran

---

[133] Como sistema axiomático la ha interpretado J. Lukasiewicz, *Aristotle's Syllogistic from the Standpoint of Modern Formal Logic*, Oxford: Clarendon Press, 1954 (repr.), pp. 43 ss.

los modos restantes y se probaban por los modos perfectos mediante reglas de reducción a estos utilizando la conversión proposicional, simple y por accidente, que ya se han mencionado, así como la transmutación de premisas (y en algunas ocasiones la reducción al absurdo o *per impossibile*). Con ello, se tenía un sistema axiomático (con axiomas y reglas de inferencia) bastante notable.

El silogismo, por lo demás, puede ser categórico o hipotético, según el tipo de proposiciones que use. El más común es el categórico, que ya conocemos, con sus tres proposiciones categóricas formando dos premisas y una conclusión y clasificado en figuras y modos según la colocación del término medio y la cantidad y la cualidad de las proposiciones. De acuerdo con ello, para que el silogismo sea una consecuencia formal, Soto exige «que el antecedente conste de dos proposiciones debidamente dispuestas en modo y figura según las reglas», consecuencia que «ha de valer solo por virtud de la conexión del [término] medio con los extremos» (88va). Las reglas del silogismo categórico en sí mismo son: que tenga tres términos, que se cuantifique alguna vez el término medio, que de dos particulares no se obtenga conclusión ni de dos negativas, que la conclusión siga a la parte más débil, etc. Y las reglas de inferencia o de prueba dentro del sistema son las de reducción a los modos perfectos de primera figura, ya sea por reducción directa (por ciertas conversiones proposicionales, simple y accidental, así como por algunas transmutaciones de premisas) o indirecta (es decir, por reducción al absurdo). Y tanto las reglas para construirlo en sí mismo como las que sirven para probarlo por los modos perfectos nos muestran la silogística como un sistema axiomático. Soto alude, además, al silogismo expositorio (102rb) y al silogismo *in divinis*, es decir, el que habla acerca de la Santísima Trinidad (103rb ss.).[134]

Aunque Soto no dedica un tratado al silogismo hipotético, de tradición estoica y desarrollado por los escolásticos, lo aborda al hablar de las proposiciones hipotéticas. Es de tres clases: copulativo, disyuntivo

---

[134] V. Muñoz Delgado, «Lógica trinitaria», en X. Pikaza y N. Silanes (dirs.), *Diccionario teológico El Dios cristiano*, Salamanca: Secretariado Trinitario, 1992, pp. 829 ss.

y condicional, según sea la primera premisa de este. Aquí se procede, sobre todo, con reglas de inferencia (y no con axiomas), como una lógica proposicional con inferencia natural; las expone como tópicos o lugares argumentativos (*loci arguendi*) (60va ss.) Las reglas que recoge Soto —que habían sido estipuladas algunas por Aristóteles, otras por los estoicos y otras por los medievales— coinciden en mucho con las reglas que se usan en la actualidad en la lógica proposicional estándar.[135]

LÓGICA DIALÓGICA Y PARADOJAS LÓGICO-SEMÁNTICAS

Pone finalmente Soto dos tratados en apéndice: el tratado de las proposiciones insolubles y el de las obligaciones. El estudio de las insolubles era el de las paradojas lógico-semánticas (108ra ss.).[136] Eran muy parecidas a las que se analizan actualmente en la filosofía de la lógica, como las paradojas de la autorreferencia o autorrefutantes, es decir, proposiciones que se falsifican a sí mismas (llamadas «insolubles» a causa de su dificultad); por ejemplo, «Lo que digo ahora es falso» o «Esta proposición es falsa»; es paradójica porque, si es falsa, es verdadera y, si es verdadera, es falsa; en ambos casos, se incurre en contradicción. Soto propone numerosas paradojas y variados modos de resolverlas, muy agudos y notables, que tienen mucho en común con los intentos actuales de solución por parte de los lógicos de hoy en día.

Junto con el tratado de los insolubles, Soto puso en su apéndice el tratado de las obligaciones (111va ss.).[137] Este tratado de las obligaciones constituye un estudio de la lógica dialógica o del diálogo. Consiste en el establecimiento de una discusión reglamentada en

---

[135] Lo muestra el propio V. Muñoz Delgado, *Lógica formal y filosofía en Domingo de Soto*, ed. cit., pp. 86-98.

[136] Á. d'Ors, La doctrina de las proposiciones insolubles en las *Summulae* de Domingo de Soto, *Cuadernos salmantinos de filosofía*, 13 (1986), pp. 179 ss.; M. Beuchot, Las falacias y las paradojas lógico-semánticas en la Edad Media, *Manuscrito*, 10 (1987), pp. 75 ss.

[137] Sobre este tema, véase Á. d'Ors, Sobre las *obligationes* de Juan de Holanda, *Anuario Filosófico*, XX/2 (1988), pp. 33 ss.

la que uno se obliga a sostener determinada cosa en determinado sentido y el oponente tiene como función llevar al proponente a contradecirse. Y tanto el proponente como el oponente deben seguir ciertas reglas muy estrictas para la defensa y el ataque; reglas que justamente configuran el tratado de las obligaciones. Soto estudia muy a fondo esta parte de la lógica dialógica escolástica (que incluía, además, por ejemplo, los tópicos o lugares dialécticos y los sofismas). Era importante porque, como sabemos, la escolástica concedía un lugar muy relevante a la discusión en todas las disciplinas científicas.

CONCLUSIÓN

Todo ello nos habla de que la lógica que se enseñaba en la época de oro de la escolástica era de las mejores, comparable con la lógica de hoy. En especial, es una lógica muy penetrante la que empleaban y desarrollaban Soto y los demás escolásticos —hasta bien entrado el siglo XVIII—, que todavía ofrece muchas reflexiones a la lógica actual, la cual ha progresado por el mismo camino. Y, según el testimonio de lógicos como Ivan Boh, es una lástima que se hubiera perdido en la historia, con el apogeo de la filosofía moderna, más gnoseológica que lógica, pues, si no se hubiera perdido, habría evitado los rodeos que tuvieron que dar los principales pioneros de la lógica matemática por la teoría de conjuntos y sus paradojas.[138] Esto lo reconoció, también, el genial Charles Sanders Peirce, que fue un erudito en escolástica (tanto medieval como posmedieval), quien la estudió en la nutrida biblioteca que llegó a reunir. Peirce, que conocía perfectamente la historia de la lógica, en lugar de los modernos, prefirió a los escolásticos para articular su sistema de lógica, partiendo de la semiótica hacia todas las ramas de esta disciplina.[139]

---

[138] I. Boh, «A 15th Century Sistematization of Primary Logic», en *Memorias del XIII Congreso Internacional de Filosofía*, México: UNAM, 1964, vol. 5, pp. 45 ss.

[139] M. Beuchot, *Estudios sobre Peirce y la escolástica*, Pamplona: Cuadernos de Anuario Filosófico, 2002, pp. 14-16.

Algo notable es que Soto tuvo que ver con México, al menos indirectamente. En primer lugar, porque estuvo a punto de acudir a la Nueva España como asesor del arzobispo Zumárraga, por sugerencia del propio emperador Carlos V, pero permaneció como profesor en Salamanca.[140] En segundo lugar, porque, para la enseñanza de la filosofía, las *Súmulas* de Soto fueron el primer libro de texto que se empleó en la Real y Pontificia Universidad de México en 1553.[141] Igual sucedió en el estudio del Convento de Santo Domingo de esta ciudad, que se había abierto en 1540,[142] solo que en él se empleó la edición de 1529, reproducida sin variantes notables en sucesivas ediciones hasta la de 1543, que puede considerarse la segunda, la cual fue corregida por el mismo Soto y reproducida en las ediciones siguientes. Nuestro autor estuvo presente en la formación de la intelectualidad mexicana en los colegios y la universidad. Eso hizo que estuvieran a la altura de los mejores centros de estudios de Europa en esa época.

---

[140] V. Beltrán de Heredia, «Introducción biográfica», en V. Diego Carro, *Domingo de Soto y su doctrina jurídica*, Salamanca: BTE, 1944 (2.ª ed.), pp. 59-60.

[141] Gran veneración se sintió en México por los profesores de Salamanca, como Vitoria y Soto. De este último, se sabe que su lógica fue la que se estudió en el convento dominicano de México, así como en la universidad; y de Vitoria se habla elogiosamente al dar la noticia de su muerte en las *Actas de Capítulos Provinciales*, cosa rara con alguien que no era de la provincia novohispana.

[142] Sobre esto, véase M. Beuchot, Lectores conventuales en la provincia dominicana de Santiago de México (siglo XVI), en *Archivo Dominicano*, 8 (1987), pp. 51 ss.

Francisco Suárez y la modernidad

INTRODUCCIÓN

Ya que hemos venido tratando acerca de la escuela de Salamanca, veamos ahora a un pensador que estuvo vinculado con ella, el jesuita Francisco Suárez. Aunque en algunos puntos se aparta de la escuela tomista, recalca que quiso seguir a santo Tomás. Eso lo coloca, al menos en la intención, dentro de esa tradición tomista que llega hasta nuestros días. Además, fue un filósofo que influyó en los modernos. Precisamente, se ha discutido mucho lo que Francisco Suárez tuvo que ver con el surgimiento de la filosofía moderna. Él se colocó entre el Renacimiento y el Barroco, es decir, en esa otra modernidad que fue la de la Contrarreforma. Por eso, no debe extrañar que haya influido en algunos de los padres de la modernidad, al menos en cierta medida, lo cual nos muestra su originalidad, ya que se apartó de la tradición escolástica anterior en varios puntos. Sobre la influencia de Suárez en los modernos, dice Heidegger: «Suárez es el pensador que ha influido más fuertemente en la filosofía moderna. Descartes depende directamente de él».[143] Veremos, por eso, primeramente, su influjo en Descartes.

---

[143] M. Heidegger, *Die Grundprobleme der Phänomenologie*, Fráncfort del Meno: Vittorio Klostermann, 1975, p. 112.

SUÁREZ Y DESCARTES

No olvidemos que René Descartes estudió con los jesuitas, en el Colegio de la Flèche, y que Suárez se estaba consolidando como el escolarca de la Compañía de Jesús. El filósofo moderno francés tuvo una formación jesuítica. Hasta se ha señalado que tuvo que leer a Antonio Rubio, otro pensador jesuita, porque en dicho plantel se preparaban los exámenes con su texto.[144] Ahora bien, Suárez era el *pariente rico* de Rubio, porque tuvo más presencia en la compañía, de modo que no extrañan las deudas que el francés contrajo con las obras del jesuita granadino.

Se ha encontrado la influencia de Suárez sobre René Descartes en la misma clave de su pensamiento, que es el asunto de la mente, del sujeto, del *cogito*. En efecto, Descartes quiere plantear la existencia de la mente sin asumir la de los cuerpos. Y eso responde a la concepción del intelecto autorreflexivo, que Suárez presenta en las disputaciones 5, 9 y 14 de su tratado *De anima*.[145] Esto lo hace siguiendo a Suárez, quien se aparta de la tradición aristotélico-tomista, pues niega la abstracción y propone una versión de las ideas innatas; asimismo, rechaza la tesis aristotélico-tomista de que la explicación de la naturaleza del entendimiento se da por el objeto que aprehende y dice que es por su actividad, esto es, por su habilidad de producir representaciones intencionales, pero sin tener que recurrir a la sensación ni a la imaginación.

Suárez habla de una experiencia autorreflexiva, que es para captar nuestra mente y solo podemos hacerla dentro de nosotros mismos (*De Anima*, 9, 6, 12). Es decir, no podemos conocerla a partir de las cosas externas, sus objetos, sino a partir de su propia actividad.

---

[144] G. Rodis-Lewis, Descartes aurat-il eu un professeur nominaliste?, *Archives de Philosophie*, 34 (1971), pp. 37-46.

[145] G. Burlando, «Autoconocimiento intelectual en el *De anima* de Francisco Suárez y las *Meditaciones sobre filosofía primera* de Descartes», en A. Cardoso, A. M. Martins y L. Ribeiro dos Santos (coords.), *Francisco Suárez (1548-1617). Tradiçao e modernidade*, Lisboa: Ediçôes Colibri y Centro de Filosofia da Universidade de Lisboa, 1999, pp. 169-170.

Nuestra mente no tiene que recurrir a los sentidos ni a la imaginación, ni siquiera al intelecto agente, porque no necesita hacer abstracciones. Hay aquí un innatismo en Suárez, una doctrina de la educción. Es decir, la mente posee habilidades innatas para efectuar la colaboración de sus facultades. La doctrina del innatismo de Suárez se basa en la armonía que se da en el alma y en su metafísica del acto vital inmanente. En efecto, el jesuita granadino plantea con decisión la unidad del alma y sus facultades, así como la armonía entre estas al actuar.[146]

Las representaciones intencionales no las produce el intelecto agente por abstracción, sino que se educen del intelecto posible. Dado que la mente participa con sus habilidades innatas, no necesita abstraer para representar. Produce los conceptos por sí misma, independientemente del cuerpo (esto es, de los sentidos). Y la mente no se capta intuitivamente, sino que se infiere por su actividad.

Esto se reproduce en la segunda de las *Meditaciones de filosofía primera*. Descartes se propone mostrar que la mente es más fácil de conocer que el cuerpo. Por eso, se puede conocer sin recurso a este, es decir, a los sentidos, sino como separada de él. Lo señala en *Cuarto conjunto de respuestas* (a las objeciones de Arnauld), donde dice que se obtiene conocimiento de la mente separada del cuerpo cuando se forma una idea de una substancia pensante, incorpórea, inextensa, indivisible, como una cosa que subsiste por sí misma.[147] El saber que es una cosa que piensa se da sin los sentidos, y en ello la imaginación es irrelevante (hace una digresión para mostrarlo). Tampoco se requiere la actividad abstractiva, como dice en ese *Cuarto conjunto de respuestas* (a Arnauld).

Luego, a la manera de Suárez, Descartes considera que el origen de la idea de su propia naturaleza [del alma], *i. e.* el pensamiento, no es algo adquirido mediante imágenes de objetos externos a él, tampoco es una

---

[146] Ídem, La arquitectura mental en el escolasticismo, *Revista de Filosofía*, vols. XLV-XLVI (1995), pp. 114-126.

[147] Ídem, Autoconocimiento intelectual en el *De anima* de Francisco Suárez y las *Meditaciones sobre filosofía primera* de Descartes, ed. cit., p. 182.

idea inventada por él, sino que parece ser una idea innata, es decir, un modo mental producido dentro de él sin la ayuda de cosas externas (sean esas cosas externas cualquier objeto, o una imagen del mismo cuerpo y sus propiedades).[148]

Así, tenemos una facultad innata e ideas innatas en ella. Es lo que de Suárez recogió Descartes.

El racionalista francés, considerado padre de la filosofía moderna, toma del jesuita granadino otras cosas: la distinción entre concepto formal y concepto objetivo, que recoge como distinción entre realidad formal y realidad objetiva, y se centra en esta última. Es el *esse objectivum*, presente en la gnoseología cartesiana y racionalista en general. Asimismo, recupera la distinción modal, que aparece tanto en él como en Spinoza. Por otra parte:

> Se puede pensar que la «causalidad por resultancia» [de Suárez] puede verse como un antecedente que, cuando menos, ayude a entender la causalidad de la essentia actuosa del *Deus sive Natura* de Espinosa. Es la causalidad de una causa eficiente que se lleva a cabo por desbordamiento de su plenitud. Y algo similar hemos dicho también sobre la presencia embrionaria en Suárez de la noción de 'expresión', tan importante, por ejemplo, en el propio Espinosa. Vimos que Suárez introduce esta noción a propósito de la predicación del ente objetivo a sus inferiores en la *Disp*. II.[149]

Es decir, el jesuita granadino influyó en estos dos grandes racionalistas. Descartes toma de Suárez el ser pensante, el *cogito*. Pero, aun cuando se lo considera el instaurador del racionalismo, tiene un voluntarismo muy fuerte. Giannina Burlando ha señalado este voluntarismo cartesiano, que depende de tesis suarecianas. En su planteamiento, predomina la voluntad y vincula las pasiones con las virtudes, no las

---

[148] Ibíd., p. 183.
[149] S. Rábade Romeo, *Suárez (1548-1617)*, Madrid: Eds. del Orto, 1997, p. 57.

separa. Es, en realidad, una metafísica de la voluntad:[150] la voluntad supera al intelecto. Es racionalista de la voluntad. Recordando su formación jesuítica, se remite a la casuística para estudiar las pasiones y su relación con las virtudes (esto lo sostiene Descartes en «Sobre los actos que llaman pasiones», tratado IV de *Obras morales*). Las denomina «afectos» o «pasiones», como hará Spinoza, y dice que deben ser tratadas también por los médicos (esto es algo que se hacía desde el Renacimiento, sobre todo, en el Barroco; por ejemplo, Juan Huarte de San Juan, que era médico, además de filósofo). Connotan libertad y pueden apoyar a las virtudes. Las virtudes ayudan a reconducir las acciones al término medio, es decir, dar a las pasiones el término medio. Además, las pasiones producen alteraciones somáticas. Es decir, aluden a algo psicosomático.

Las pasiones pueden apoyar a las virtudes cuando se les da equilibrio. Descartes las ve como posibles armas de la virtud. Hay que saber moderarlas y hasta activarlas en orden al bien. Concede mayor nobleza a las virtudes morales que a las intelectuales, precisamente, porque perfeccionan la voluntad. Las intelectuales pueden implicar malicia; las morales no. Toda virtud tiene que ver con las pasiones.

Descartes cita solo dos veces a Suárez; también cita a Caterus y a Arnauld. De este último dice que ha tomado terminología de *Disputationes Metaphysicae*, disp. 9, «Sobre la substancia». Para Descartes, las pasiones y las virtudes son suarecianas. Dice que el filósofo que más leyó fue Suárez. Las pasiones que interesan a Descartes son sentimientos que mueven los espíritus (animales); no son movidas por la voluntad en la unión del cuerpo y el alma. Es algo que ya sostiene Suárez en *Disputationes Metaphysicae*, VI. Pero influye sobre ellas el esfuerzo (algo muy jesuítico), como el perro de caza con los disparos. El hombre puede controlar sus pasiones.

---

[150] Conferencia de Giannina Burlando, «La modernidad en Suárez y Descartes: articulaciones cambiantes del sujeto», en la III Jornada en torno a la Escuela Española de Pensamiento. Escolástica Hispana: Nuevas Perspectivas del Conocimiento en los Siglos XVI-XVII: Ciencia, Política y Religión, Universidad Francisco de Vitoria, Madrid, 16 de diciembre de 2019.

La moral de Suárez tiene como principio y fin a Dios. Hay un imperativo pragmático. La virtud ordena el deseo o apetito por la recta razón. En Descartes, esto se basa en la voluntad de usar bien las cosas.[151] Descartes pide que la conciencia no recrimine nada (antes de Kant). Suárez basa todo en el juicio del intelecto sobre el bien. Es menos intelectualista que Descartes y se acerca a Kant, porque la acción buena depende de la voluntad. Para Kant, el fundamento no es la autoridad divina, sino la razón. Suárez vincula la razón con la voluntad y la conciencia. Para nuestro jesuita, el orden moral es el de la razón y la libertad humana, y no el de un orden prestablecido. Como Kant, la bondad depende de la buena voluntad. Suárez pone las pasiones más en la medicina vitalista, incluso en la psicología, mientras que Descartes las pone en la física y promueve más la medicina en la línea de la física matemática, su innovación.

Por otra parte, en filosofía política, Suárez tuvo algún influjo sobre los pensadores modernos, como Hobbes y Locke. El jesuita granadino llega a dar poder completo al monarca, y eso llegó, por ejemplo, a Hobbes, que plantea una monarquía absoluta.[152] En Suárez, parece haber contradicción, pues dice que el poder viene del pueblo, pero este lo entrega al rey. Y añade que, si hubiera una institución que limitara al rey, esta sería ella misma un rey: por eso no puede darse. Lo único que sí admite son límites particulares o materiales, no institucionales, como la resistencia al uso ilegítimo o el tiranicidio y la desobediencia civil.

Con eso, el jesuita granadino construye un caballo de Troya, que es la resistencia política. Puede ser violenta, pero debe buscar el bien común.[153] Al tirano a *regimine* no se lo puede atacar por venganza, sino por dos motivos: la legítima defensa (de la vida de la persona o la comunidad) y que sea usurpador, puesto que no es auténtico rey y cualquiera puede darle muerte.

---

[151] R. Descartes, *Discurso del método*, parte III.

[152] A. de Muralt, *La estructura de la filosofía política moderna*, Madrid: Istmo, 2002, p. 160, donde habla de las similitudes de la teoría política en Suárez, Hobbes, Spinoza, Bodino y Grocio.

[153] F. Suárez, *Defensa de la fe*, lib. VI, cap. IV, nn. 1-9, principios generales, Madrid: Instituto de Estudios Políticos, 1971, pp. 715-719.

Agrega que tanto al tirano *ab origine* como al que lo es *a regimine* se les puede dar muerte solo en legítima defensa.[154] Parece contradecirse en el caso del usurpador; pero se mantiene firme, porque el usurpador siempre va en contra del bien común y por eso cualquiera lo puede matar.

Así, el fundamento de la resistencia violenta, según Suárez, es la legítima defensa del bien común. Este último es el límite del poder político, pues este debe estar en función del bien común. De manera ignaciana, el bien común es cambiante para Suárez, por lo que exige un discernimiento constante. Este es el que puede legitimar la resistencia, incluso violenta (el bien común fáctico). Esto parece una casuística aplicada al tema del bien común político, pero era la moral jesuítica la que aquí tiene prioridad. Sabemos, además, que la desobediencia civil la defendió mucho, por ejemplo, John Locke.[155]

En la actualidad, se sospecha de la resistencia violenta, pero Suárez la aceptaba. Con todo, exigía condiciones: que se haya conculcado el bien común, lo cual implica una violencia, por lo menos indirecta, contra la sociedad política por parte del tirano. Cuando es directa, se justifica siempre. Locke ve suficiente que se vaya contra los bienes (dado su liberalismo). Sin embargo, exige proporcionalidad, pertinencia y prudencia. Así, evita la espiral de violencia de las masas.

Ahora bien, ese liberalismo difiere del moderno, tanto según los fines como según los medios. En cuanto a los fines, son bienes en sí mismos, con medios institucionales (democracia representativa) que se convierten en utopías. Para defender ese mercado, vale la revolución para llegar a un estado perfecto. Es más instrumental que institucional. Sobre esta racionalidad instrumental han hablado Apel y Habermas. Y se centran más en los medios que en los fines, por lo que resultan insuficientes. En cambio, Suárez nos hace profundizar. Que el fin sea bueno, y no solamente los medios (y preferir que sea sin violencia). Esto es algo que se necesita reflexionar en la actualidad.

---

[154] Ibíd., n. 13.

[155] J. Locke, *Ensayo sobre el gobierno civil*, México: Nuevomar, 1991 (5.ª ed.), pp. 116-126.

SUÁREZ Y LEIBNIZ

Suele reconocerse la influencia de la escolástica sobre Leibniz; sobre todo, la de Suárez. Pero, según André Robinet, las citas explícitas a Suárez son pocas en las obras de Leibniz que han sido editadas. Eso nos tiene que mover a ser cautelosos al hablar de esa dependencia. Por eso, Robinet estudia lo que se deriva de esas pocas citas. Se centra en catorce menciones de Suárez en Leibniz, dejando de lado el tema de la *scientia media*.[156]

a) En cuanto al concepto de metafísica, Leibniz se opone a Suárez, *Disputationes metaphysicae*, I. En *Nouveaux Essais* (1704), habla elogiosamente de él como uno de los mejores escolásticos, pero también lo critica. Los manuales escolásticos de metafísica no enseñan más que palabras. Que la metafísica sea la ciencia del ser en general, que este tenga nociones trascendentales (uno, verdadero, bueno) y derivadas (mismo y otro, simple y compuesto, etc.), son vaguedades nada científicas. Con todo, reconoce que Suárez llega a discusiones interesantes, como la que él usó en *Disputación metafísica sobre el principio del individuo*, acerca del problema de la individuación. La tesis que defiende ahí es suareciana. Sin embargo, en Ensayos tiene una opinión negativa de la escolástica y de Suárez.[157]

En *Prefacio a Nizolio*, de 1670, Leibniz critica a Suárez diciendo que sus nociones metafísicas, esto es, las palabras con las que las designa, no pasan de ser tropos, es decir expresiones metafóricas, literarias, y no exactas. En *Preceptos para hacer avanzar las ciencias* (1676), Leibniz reconoce la penetración filosófica de Suárez, pero señala que le faltó el método conveniente para el progreso de las ciencias. En *Comentario al trabajo de Twisse* (ca. 1695) vuelve a decir que el jesuita

---

[156] A. Robinet, Suárez dans l'oeuvre de Leibniz, *Cuadernos salmantinos de filosofía*, VII (1980), pp. 191-192.

[157] Ibíd., pp. 192-195.

granadino usa términos vagos, a los que hay que reducir a términos concretos e inteligibles.[158]

En *Cartas a des Bosses* (la de 16 de enero de 1708), Leibniz menciona a Suárez y otros escolásticos y dice que no deben ser despreciados, porque (como ha dicho en otras partes) en su lodo y escorias suele encontrarse oro. Este será su lugar común. También dice que, si alguien se diera al trabajo de estudiarlos, se vería pagado con las verdades que sacara de esas obras.[159]

En *Autodescripción*, de 1695, Leibniz cuenta que de joven estudió a los escolásticos, de entre los cuales nombra a Zabarella, Rubio, Fonseca y Suárez; se sabe que a este último lo conoció por un autor moderno que lo combatió: Daniel Stahl, debido a lo cual estaba prejuiciado.[160]

b) Por lo que hace a la tesis de bachillerato de Leibniz, *Sobre el principio del individuo* (1663), de hecho, va contra la disputación V. La solución que Leibniz adopta es la de Suárez: que el individuo se individualiza por su entidad total (y con él pone, además, a Murcia, Zimara y Pereira); sin embargo, critica a Suárez porque dice que la individualidad solo añade a la naturaleza común algo de razón, lo cual le parece incomprensible.[161] Así, acepta en parte el pensamiento suareciano, en cuanto a la tesis principal, pero no en lo que toca al marco de la metafísica modal del granadino.[162]

c) Sobre lo que es influir el ser en otro, Leibniz va contra la disputación XII. En *Prefacio a Nizolio*, ya citado, dice que depender, ser inherente, emanar e influir son tropos, expresiones inadecuadas que deberían adaptarse o evitarse, y son expresiones que atribuye a Suárez. Los ve como vocablos

---

[158] Ibíd., pp. 195-196.

[159] *Ibíd.*, p. 196.

[160] *Ibíd.*, pp. 197-199.

[161] *Ibíd.*, pp. 199-201.

[162] M. Beuchot, «Introducción» a G. W. Leibniz, *Discusión metafísica sobre el principio de individuación*, introd., trad. y notas de M. Beuchot, México: UNAM, 1986, pp. 5 ss.

bárbaros y oscuros. En *Pequeños comentarios sobre el juez de las controversias* (ca. 1670), Leibniz menciona con hostilidad la definición suareciana de la causa, como el influir el ser en otro, y se pregunta qué puede significar eso. Es tropo, es vaguedad. Pero esto lo recibe Leibniz de Stahl y de Revius, autores que criticaban mucho a Suárez, por lo que vuelve a percibirse su prejuicio.[163]

d) En relación con la armonía prestablecida, Robinet explica que va contra el tratado de Suárez *Sobre la oración* (I, XII) y señala lo siguiente. En *Teodicea* solo se cita a Suárez una vez, a propósito de los ángeles y los bienaventurados. Acerca de estos dice que Dios ha arreglado las cosas de antemano, de modo que sus oraciones, cuando se hacen con voluntad plena, obtienen resultado, «lo cual es una chispa de una armonía prestablecida».[164] No es exactamente la armonía prestablecida leibniziana, pero es un anticipo. Leibniz, en una de sus cartas a Des Bosses, habla de la armonía prestablecida y comenta que se acuerda de que Suárez decía algo parecido. Incluso, como Des Bosses era jesuita, Leibniz le dice: «Vuestro Suárez». Y en la carta del 13 de enero de 1716 le repite que considera a Suárez antecesor de su idea de la armonía prestablecida.[165]

e) En lo que concierne al vínculo substancial entre las mónadas, así como entre el alma y el cuerpo, esa teoría se presenta en la correspondencia con Des Bosses. Fue a propósito de un libro de la autoría de este corresponsal de Leibniz como este último desata la discusión, pero no está totalmente claro si aquel jesuita toma eso de Suárez, aunque la mayoría de los comentaristas han pensado que sí.[166] Es un tema que ha atraído mucho la investigación y la polémica y ha resultado ilustrador.[167]

---

[163] A. Robinet, art. cit., pp. 201-202.

[164] Ibíd., p. 202.

[165] Ibíd., pp. 202-203.

[166] Ibíd., p. 204.

[167] J. Roig Gironella, El *vinculum substantiale* de Leibniz, peldaño entre Descartes y Kant, *Pensamiento*, 3, 11 (1947), pp. 301 ss.

f) Por lo que hace a la ciencia media de Suárez, Leibniz la trata en *Notas* sobre una obra de Twisse que aborda ese tema (1695) atacando al jesuita. Leibniz defiende a Suárez, pero con ciertos límites. Cree que, como el granadino es un escolástico de los grandes, se puede sacar algún oro de su escoria.

De ahí obtiene elementos para su *Teodicea*. Leibniz critica la idea de Suárez de contingencia propia y contingencia *secundum quid*, pues le parece que la primera no existe. Añade que Suárez confunde lo cierto con lo necesario cuando dice que el decreto divino se da en función de la cognoscibilidad de los contingentes, pues así es comandado por un óptimo que es verdadero, no necesario. Asimismo, Leibniz dice que lo que determina la voluntad es algo formal, no algo eficiente, como quería Suárez; no bastan las esencias para que haya existencias, se necesita que ambas se reúnan. Igualmente, considera que a Suárez le faltó distinguir entre requisito necesario y requisito cierto; Dios da su concurso tanto para el acto bueno como para el malo, solo que al primero le comunica más perfección y al segundo menos. Leibniz está de acuerdo con Suárez en que la ciencia media se aplica a la ciencia divina de visión, no a la de simple inteligencia; pero es que esta última no es otra cosa que la ciencia de las cosas necesarias y universales. Leibniz conoce las tesis principales de Suárez sobre la ciencia media y le sirve para su optimismo moral: es el formalismo leibniziano contra la relevancia de la causa eficiente del suarecianismo. A pesar de todo, Leibniz ha sacado oro de la escoria del gran escolástico.[168]

Así, vemos que, aun cuando Leibniz tuvo primero admiración por los escolásticos, después mantuvo sus reservas frente a ellos. Esto se ve en relación con Suárez, a quien consideró de los mayores entre ellos, pero siempre lo vio con cierta reticencia y lo aceptó con muchas limitaciones.

---

[168] A. Robinet, art. cit., pp. 204-209.

SUÁREZ Y LA INDEPENDENCIA DE AMÉRICA

Ya ha pasado el tiempo en el que se decía que la independencia americana se debió a la Revolución francesa y a las ideas ilustradas. Se ha comprobado que los insurgentes se inspiraron, sobre todo, en doctrinas escolásticas, como las de Vitoria, Las Casas, Soto y Suárez; este último tuvo un papel importante en la justificación de esa revolución.

Luciano Pereña y su equipo estudiaron el asunto y se dieron cuenta de que las universidades y colegios en América usaban mucho las obras de Suárez. Así fue como pasaron a los periódicos, manifiestos, proclamas de la élite pensante y sermones del clero revolucionario.[169]

Varios de los profesores que enseñaban en las universidades americanas se habían formado en Salamanca y llevaban consigo los apuntes y obras de los grandes maestros de esa escuela, entre ellas las de Suárez. Las doctrinas de este les sirvieron para oponerse al absolutismo de los Borbones, que era de derecho divino, y lo suplieron por el populismo.

> La supervivencia del populismo suareciano, más allá del despotismo borbónico, denuncia una vez más la clara filiación del independentismo americano. A pesar de las drásticas medidas que toman los ministros de Carlos III contra la enseñanza de Suárez en América, sus doctrinas democráticas... siguen siendo la fuente doctrinal de la configuración de la conciencia democrática americana en los precursores de la independencia.[170]

Este populismo era el republicanismo ya defendido en España desde los comuneros de Castilla.

Se prohibía en especial la doctrina de Suárez sobre el regicidio y tiranicidio. Sin embargo, eso sirvió de justificación a los teóricos de la revolución. «La causa principal de la independencia de Hispanoamérica

---

[169] L. Pereña, Suárez y la independencia de América, *Cuadernos salmantinos de filosofía*, VII (1980), p. 56.

[170] *Ibidem.*

no fue el pensamiento enciclopedista ni las ideas de 1789, sino la defensa del orden establecido que llevó a cabo la aristocracia criolla contra la revolución de la España afrancesada y absolutista».[171] Ciertamente, se usaron ideas ilustradas, pero también —y parece ser que sobre todo— se acudió a los escolásticos salmantinos.[172]

Otro elemento fue la doctrina suareciana de la soberanía popular, ya que el populismo de este autor estuvo presente en las universidades y colegios de América. Logró sobrevivir a las prohibiciones que venían del despotismo ilustrado que reinaba en España.

La teoría de la desobediencia civil, definida por Francisco Suárez y condenada por el Parlamento de París en 1615, es recogida finalmente con ciertas incrustaciones terminológicas enciclopédicas en el memorial de agravios, en las reivindicaciones de los comuneros y en la *Carta a los españoles americanos*, que en 1797 escribió Juan Vizcaíno y Guzmán, y Miranda difundió por toda América en 1801 después de publicarla en francés en la ciudad de Filadelfia.[173]

Con ello, la soberanía regresaba a su titular verdadero, el pueblo, como pasó cuando Fernando VII abdicó, y el poder fue rescatado por los cabildos americanos. Entregó España a los franceses, pero, si se hubiera ido a algún lugar de la América española, se lo hubiera aceptado como rey para luchar contra Napoleón.

Gracias a ese populismo, la independencia fue hecha por españoles de América, con todo el derecho; y, aun cuando se peleó contra españoles, era contra los realistas, en pro de los criollos:

En vez de una rebeldía contra España, la revolución americana contra el despotismo borbónico y la invasión napoleónica terminó por significar la defensa más valiente de la identidad de la monarquía española

---

171 Ibíd., p. 58.
172 Esto lo ha documentado O. C. Stoetzer, *Las raíces escolásticas de la emancipación de la América española*, Madrid: Centro de Estudios Constitucionales, 1982, pp. 32 ss.
173 L. Pereña, art. cit., p. 59.

basada sobre el respeto a la comunidad de pueblos que defendió Francisco de Vitoria, sobre la garantía de la carta de derechos humanos que formuló Bartolomé de las Casas, sobre la institucionalización de la conciencia democrática que orientó a Diego Pérez de Mesa y sobre la legitimidad de la soberanía popular que definió Francisco Suárez.[174]

Ese populismo, que había pasado por los comuneros españoles, era el republicanismo, que acabó estableciéndose en Hispanoamérica. Más bien, la independencia americana tenía continuidad con las tesis de la libertad del régimen colonial, del que hablaba Bartolomé de Carranza en 1540, que tuvo como desenlace natural esa emancipación. Tal era la condición de estas tierras con los Austrias, como reinos de ultramar, pero cambió radicalmente con la otra dinastía, que las veía como colonias. «Contra la opresión y la dictadura del despotismo borbónico, la revolución americana *quiso ser* una nueva forma de realización histórica, la encarnación de aquellos valores de liberación democrática que mejor definen la identidad de la comunidad hispánica. En Vitoria, Las Casas, Pérez de Mesa y Francisco Suárez, se encuentran las verdaderas raíces de la conciencia democrática iberoamericana».[175] Se puede ver, entonces, una continuidad que enlaza la manera en que los Austrias quisieron hacer la colonización, degradada por los Borbones y rescatada por los americanos.

CONCLUSIÓN

Francisco Suárez es, en cierta medida, continuador del pensamiento de la escuela de Salamanca. Ciertamente, se apartó en algunas tesis del tomismo tradicional (el dominicano), pero en la mayor parte de su obra sigue en ese registro. Fue muy connotado en metafísica, pero también en la filosofía del derecho y de la política. Esto último es lo que aquí hemos considerado.

---

[174] Ibíd., p. 62.
[175] *Ibidem.*

Además, tanto en la filosofía como en la política, Suárez tuvo cierto influjo sobre los pensadores modernos, lo cual nos habla de su clarividencia. Varias cosas que surgieron en esos nuevos tiempos ya venían predichas en la obra de ese titán. Por eso, es padre o abuelo de la modernidad. Eso se vio en la independencia de América —por ejemplo, en la de México—, porque muchos de sus teóricos se inspiraron en él. Inclusive, antes de su expulsión, los jesuitas mexicanos iniciaron la modernización de los estudios, y pudieron hacerlo bastante, desde su posición suareciana. El suarecianismo los ayudaba, pues tenía precontenidas muchas de las ideas que llegaban.

La necesidad de la metafísica según Juan Martínez de Prado (siglo XVII)

INTRODUCCIÓN

Además de la escuela de Salamanca, a la que nos hemos referido en capítulos anteriores, hubo presencia del tomismo en la Universidad de Alcalá. Dentro de esa escuela tomista dominicana, se encuentra Juan Martínez de Prado, quien fue relevante en metafísica. Nos servirá como ejemplo de la corriente escolástica en el siglo XVII, en la que encontramos otro gran metafísico dominico: Francisco de Araújo. La metafísica es la parte principal de la filosofía para el tomismo y, por eso, es de agradecer la doctrina que nos brindan sobre este tema este tipo de pensadores.

Por eso, a continuación, expondré las tesis de Martínez de Prado acerca de la necesidad y utilidad de la metafísica para el ser humano. Este dominico español, de ese siglo al que pertenece la escolástica barroca, fue un notable filósofo y teólogo. Por eso, conviene atender a sus razones a favor de la filosofía del ser, las cuales valen para hoy en día.

SEMBLANZA

Juan Martínez de Prado (+1668) fue un dominico oriundo de Valladolid, donde nació en la primera mitad del siglo XVII, pero no se sabe con exactitud la fecha. Hizo estudios en el Convento de Santa Cruz, de la orden en Segovia. Pasó al Colegio de Santo Tomás de Aquino, de la misma corporación en Alcalá. Es probable que haya enseñado artes, ya que dejó varios escritos sobre filosofía, que fueron utilizados como texto, junto con los de Juan de Santo Tomás. En 1644, ganó la cátedra de Vísperas, de teología tomista, en la Universidad de Alcalá. Enseñó como catedrático de Vísperas (1644-1660) al tiempo que era regente del Colegio de Santo Tomás. También sirvió en la cátedra de Prima en la misma universidad (1660-1663). Ese año, el 63, fue elegido provincial de la orden dominicana para la provincia de España. Por negarse a hacer el saludo a la Inmaculada en sus predicaciones, según ordenaba Felipe IV, fue relegado a la Peña de Francia. Murió en 1668.

Redactó *Dialecticae Institutiones quas Summulas vocant* (Compluti, 1643, 1650, 1651), *Controversiae Metaphysicales Sacrae Theologiae ministrae* (Compluti, 1649), *Quaestiones logicae in tres libros distributae* (Compluti, 1649, 1651, 1655), *Quaestiones Philosophiae Naturalis in tres partes distributae: Prima pars continens Quaestiones super octo libros de Physico auditu* (Compluti, 1651), *Quaestiones super duos libros Aristotelis de generatione et corruptione* (Compluti, 1651) y *Quaestiones super tres libros de Anima* (Compluti, 1652), así como otras obras teológicas, todas muy apreciadas.[176]

Aquí consideraremos su obra de metafísica, unas controversias muy interesantes sobre temas de esta disciplina que la afectan profundamente.[177] Una de ellas será la que examina la necesidad o utilidad de nuestra ciencia y la otra, si reúne las condiciones para ser llamada «auténtica sabiduría».

---

[176] J. Riesco Terrero, El ser en la metafísica de Martínez de Prado, *Revista de Filosofía* (Madrid), 15 (1956), pp. 530-531; G. Fraile, *Historia de la filosofía española. I) Desde la época romana hasta fines del siglo XVII*, Madrid: BAC, 1971, p. 344.

[177] I. Martínez de Prado, *Controversiae metaphysicales sacrae theologiae ministrae*, t. I, Compluti: Apud Mariam Fernandez Viduam, Vniuersitatis Typographam, 1649. Las citas de esta obra se harán entre paréntesis en el texto señalando el folio y la columna.

SOBRE LA NECESIDAD DE LA METAFÍSICA

Así pues, la controversia primera de ese libro, en su tomo I, versa sobre la necesidad de la metafísica y consta de seis artículos. El primero aporta algunas precisiones previas; el segundo aborda el tema de la utilidad de esta rama de la filosofía; el tercero, si es de manera simple necesaria para adquirir las demás ciencias; el cuarto, si se puede adquirir la metafísica sin presuponer el conocimiento de la lógica; el quinto, si de verdad se cumple el adagio aristotélico de que todo hombre por naturaleza desea saber, y el sexto, si la metafísica es más apetecible que las otras ciencias.

Comencemos por el artículo primero, que establece algunos prenotandos. Entre ellos, de qué necesidad se trata, ya que se discutirá acerca de si es necesaria. Así, se ven ciertos sentidos de *necesario*.

Lo necesario (*quod non potest non esse*), puede tomarse 1) como principio intrínseco, el cual puede serlo por causas intrínsecas (material o formal) o por predicados quiditativos; o 2) por causas extrínsecas, a saber, la eficiente, de coacción o la final, ya sea para mejorar la utilidad, ya sea de manera simple. Además, lo necesario puede ser natural, 1) lo que tiene suficiente principio para algo y lo consigue necesariamente, a menos que sea impedido (por ejemplo, la tierra naturalmente se mueve); o b) lo que no tiene suficiente principio, pero tiene inclinación hacia algo; por ejemplo, la mujer es naturalmente apta para concebir un hijo. Además, puede decirse que la naturaleza inclina a algo y que la libertad la completa (fol. 2b).

Por consiguiente, queda planteada la cuestión, que es sobre la necesidad de la metafísica: si tiene necesidad de fin, ya sea de manera simple, ya sea solo para mejorar aquello a lo que se refiere.

El artículo segundo aborda el tema de la utilidad de la metafísica y nuestro autor avanza una primera tesis o conclusión: «Fue necesario que, además de las otras ciencias racionales, morales y reales físicas, se diera esta doctrina distinta de ellas» (fol. 3a). La razón es que ella no es ninguna de las ciencias particulares y es necesario conocer al ente. Asimismo, porque las demás ciencias no tocan lo que es objeto de la metafísica, a saber, las causas supremas, y es muy necesario conocerlas, dado que la ciencia es conocimiento por las causas. Esto es algo en lo que recientemente ha insistido Heidegger, a saber, que ninguna de las ciencias trata del ente y sus principios, sino solamente la metafísica.[178]

Martínez de Prado agrega una segunda conclusión: «La metafísica es útil o necesaria a causa de sí misma, o a causa del conocimiento de la verdad» (fol. 5a). Es decir, tiene valor de necesaria o de útil por sí misma, porque pertenece a las ciencias especulativas y estas tienen como fin el conocimiento de la verdad. Y esto sucede porque considera las causas más verdaderas, esto es, las causas primeras; y, según Aristóteles, el conocimiento científico se da cuando sabemos la causa de una cosa, en la cual reside su verdad.

La conclusión tercera establece: «Esta ciencia es muy útil para el perfecto conocimiento de las demás» (fol. 5b). Es decir, dejando de lado su necesidad, se fija en su utilidad. Esta resulta de que la metafísica es la directora de todas las ciencias y las dirige hacia el fin que tienen, el cual es la felicidad del hombre. Y con ello no pierde su carácter de liberal, pues es a causa de otra solo en el sentido de causa superior que las rige, no de medio que las sirve. Es la idea clásica de que la metafísica es la reina de las ciencias y que las dirige a todas, porque contiene los conceptos más básicos y los principios más universales.

En el artículo tercero, nuestro autor se pregunta si la metafísica es simplemente necesaria para la adquisición de otras ciencias. El adverbio que califica la necesidad, a saber, el *simplemente* (*simpliciter*), se distingue del *según algún respecto* (*secundum quid*), ya que esto último no es propio de la esencia, sino algo accidental.

La primera conclusión de Martínez de Prado establece: «La metafísica es la última de las ciencias naturales en la adquisición» (fol. 7a). Esto sucede porque hay que comenzar por lo más fácil y las más fáciles para nosotros son las otras. Es decir, son más claras para nosotros (*quoad nos*), porque de suyo (*quoad se*) la metafísica es

---

[178] M. Heidegger, *El ser y el tiempo*, § 3, México: FCE, 1971 (4.ª ed.), pp. 18-21.

la más clara, ya que tiene los principios más evidentes, pero su desarrollo se nos hace complicado y muy difícil.[179]

En una segunda conclusión, nuestro autor dice: «La metafísica no es simplemente necesaria para la adquisición de las demás ciencias» (fol. 9b). La razón es que la metafísica es una virtud del intelecto completamente distinta de los principios y del objeto de las demás ciencias; luego las demás pueden adquirirse sin ella, como ella sin las demás. De esta manera, resulta claro que no es necesaria de manera simple; es más necesaria la lógica, que tampoco es simplemente necesaria, porque se puede alcanzar algo de las ciencias aun sin el hábito del raciocinio, como sucedió con los primeros que las iniciaron. Que la metafísica no es simplemente necesaria para la adquisición de las ciencias se ve en que, aun cuando ella explica los principios, estos se encuentran en el hábito de estos que tiene el intelecto (es, por así decir, el sentido común, sin el cual ni siquiera se podría pensar). Es cierto que, ya que las ciencias se subalternan a la metafísica, de modo que sus sujetos son partes de ella, por eso requieren de los primeros principios que ella les aporta; pero solo dependen de ella de manera accidental, no esencial, pues esos principios se pueden conocer por el simple análisis de sus términos (fol. 11a).

Viene en seguida el artículo cuarto, que pregunta si puede adquirir la metafísica el que carece de lógica. Martínez de Prado se centra, primeramente, en examinar algunas sentencias u opiniones al respecto y a plantear lo mejor posible la cuestión. En cuanto a las opiniones, señala a algunos que dicen que no se puede adquirir la metafísica si no se sabe la lógica. Estos son Domingo de Soto (el cual cita a san Alberto Magno), Navarro, Francisco de Araújo y otros más recientes. Ni siquiera aceptan que se pueda adquirir en estado imperfecto. Se oponen a ellos Crisóstomo Iavelli, Juan de Jandún, los Conimbricenses y otros muchos, quienes sostienen que sí se puede adquirir la metafísica sin conocer la lógica. La vía media dice que la lógica no se requiere para el estado perfecto de la ciencia;

---

[179] J. Riesco Terrero, Hacia el verdadero concepto de la metafísica, *Salmanticensis*, 1 (1954), p. 117.

por lo tanto, no se requiere para adquirir la metafísica en su estado perfecto. Lo dicen Diego Mas, Juan Sánchez Sedeño, los Carmelitas y Juan de Santo Tomás. Martínez de Prado opta por la vía media, la cual indica que sin la lógica se puede alcanzar la metafísica en estado imperfecto (fol. 12b-13a).

Así, nuestro autor establece su conclusión primera: «El que carece del hábito de la lógica puede adquirir la metafísica, en cuanto a la especie de la ciencia que inclina a una o a otra conclusión científica, y así la lógica no es de todos los modos necesaria simplemente para la adquisición de alguna ciencia» (fol. 13ab). Por lo pronto, la metafísica, en su estado imperfecto, se puede adquirir sin lógica. La razón es que la lógica como hábito es arte y útil. Pero sabemos que en metafísica mucho se prueba por la sola explicación de los términos. Una prueba más es que la misma lógica se adquiere o aprende sin saber antes lógica. Es parecido a esto: un martillo fue hecho por otro martillo, pero el primero de todos no; pues, si no, se procedería al infinito. Así, tuvo que haber un primer acto sin hábito, que fue en el que este empezó a formarse. Y por ello basta la luz natural de la razón para adquirir la metafísica.

La segunda conclusión de nuestro autor dice: «El que no tiene el hábito de la lógica puede adquirir la extensión del hábito de la metafísica hacia muchas conclusiones, y en este sentido adquirir la ciencia en estado perfecto» (fol. 16a). Es decir, incluso en estado substancialmente perfecto no se necesita de manera simple la lógica, porque el intelecto, como causa universal, contiene muchos actos, luego puede adquirir más. Para la ciencia en estado perfecto basta con tener muchas conclusiones de manera dividida (*divisive*), aunque no las tenga de manera conjunta (*collective*). Y esto se alcanza sin la lógica, luego se puede alcanzar la metafísica sin ella. La lógica aquí es solo útil, no necesaria.[180]

Hay una conclusión tercera, que asevera: «La lógica, no como útil, sino de manera simple, es necesaria para el estado perfecto accidental de la metafísica o de las otras ciencias» (fol. 17b). Es decir, en

---

[180] Ídem, El ser en la metafísica de Martínez de Prado, art. cit., p. 532.

cuanto a la perfección accidental, la metafísica, como cualquier otra ciencia, depende de la lógica. No como útil, sino simplemente necesaria para su estado perfecto accidental. Nuestro autor cita a santo Tomás, el cual afirma que primero debemos aprender la lógica, porque ella enseña el modo común de proceder en todas las ciencias (*In II Met.*, lect. 5). En efecto, se deben formar silogismos para el estado perfecto de una ciencia y conocer la resolución formal (priorística, es decir, la referente a los *Analíticos primeros* o *priores*, de Aristóteles) y la material o de contenido (posteriorística o relativa a los *Analíticos posteriores* del Estagirita), porque corre el peligro de caer en falacias, como advierte Domingo de Soto. Por eso, en cuanto a esto, la lógica es simplemente necesaria.

El artículo quinto inquiere si todo hombre por naturaleza desea saber. Es la frase inicial de la *Metafísica* de Aristóteles, con la cual el Estagirita fundamentará que se desea naturalmente la metafísica porque es el saber más alto, la sabiduría misma.

Martínez de Prado pone primero unos prenotandos acerca del deseo o apetito. El apetito es una inclinación que puede ser natural o sensitiva. También puede ser sensitiva o intelectiva. Y, además, innata o elícita, es decir, connatural o imperada. Aclara que la locución *apetito innato* no es puramente metafórica, pues hay un conocimiento, que es el de Dios, que creó las cosas en las que se halla (fol. 18b-19a). Esto se dice por aquel adagio: «Nada se quiere si no se conoce» (*Nihil volitum nisi praecognitum*), y parecería que el apetito innato no presupone conocimiento, pues se da aun en cosas inanimadas; pero aquí nuestro autor lo remite al conocimiento de Dios, que creó esas cosas y, por lo tanto, hay un conocimiento previo, que es el divino.

Agrega que el apetito innato no añade nada a la naturaleza ni a la virtud próxima (lo innato es natural). Por otra parte, en el apetito innato se puede distinguir, a su modo, el acto primero del segundo. Esto significa que es posible distinguir la forma o naturaleza, que es el acto primero, de la operación que se hace conforme a ella, la cual es el acto segundo. Además, el apetito innato se divide en 1) apetito de deseo de un bien no poseído y 2) apetito de la complacencia de un bien poseído. Así lo dividen santo Tomás, Domingo de Flandes,

Domingo de Soto y los Carmelitas. Y el apetito elícito, o imperado, solo se da cuando hay conocimiento (fol. 19b-21a). Así, verá de qué manera se desea el saber y, por lo mismo, la metafísica.

Nuestro autor se pregunta en este punto: ¿se puede desear con apetito elícito lo mismo que apetece el apetito natural? La respuesta es afirmativa, siempre y cuando sea aprehendido, según lo dice santo Tomás (*Sum. Theol.*, I-II, q. 30, a. 3, ad 1). La razón lo hace explícito. Ahora bien, ¿el apetito elícito puede decirse natural y qué se requiere para que se llame así? La respuesta es que algún apetito elícito puede llamarse «natural» y serlo verdaderamente porque sigue a la forma o naturaleza. Y para que lo sea se requiere que pueda satisfacerse con los principios de la naturaleza misma (fol. 21b-22a).

Para la resolución de la cuestión principal, que es la de si el deseo de saber es connatural al hombre, nuestro autor establece una primera conclusión o tesis: «A todos los hombres les inhiere naturalmente el deseo de saber» (fol. 22b). La razón de esto es que cada cosa apetece naturalmente su perfección, y la del hombre es la del conocimiento, también para unirse a su principio (Dios). Aun si no todos los hombres buscan las ciencias (como lo atestigua la experiencia), eso se debe a la dificultad de ellas, o sea, por accidente. Y así el deseo de saber subsiste.

La segunda conclusión dice: «Ese apetito natural de saber no solo es innato, sino también ilícito» (fol. 23ab). Así lo aceptan el cardenal Cayetano, Domingo de Flandes y Francisco de Araújo. Martínez de Prado dice que Suárez cita mal a santo Tomás como negando eso, pues el Aquinate lo afirma en *Sum. Theol.*, II-II, q. 166, a. 2. En efecto, deseamos tanto el saber que eso mismo hace que un apetito innato se vuelva elícito. Lo que aprehendemos con apetito innato, una vez que es aprehendido, lo deseamos con un acto elícito. Así lo sostiene el Ferrariense (Francisco Silvestre de Ferrara). El apetito elícito es el que se sigue del conocimiento y, si sigue a un conocimiento natural, será apetito natural elícito. San Alberto Magno llegaba a decir que el Creador nos dejó ínsito el deseo de saber, o de las ciencias, y por eso este santo dijo que la lógica comienza por la naturaleza y se perfecciona con el arte (S. Alberto, *Liber praedicamentorum*, prólogo).

Pero santo Tomás no pone como innatas las ciencias, sino solo como virtudes en estado potencial (*Sum. Theol.*, I-II, q. 63, a. 1).

El artículo sexto y último de esta controversia inquiere si la metafísica es más apetecible que las demás ciencias. Martínez de Prado anota que algo puede ser apetecible de manera natural según la especie, por el alma racional, que es la forma, o según el individuo, por el cuerpo, ya que el principio de individuación está por la parte de la materia. La respuesta que aporta es: «La metafísica es más apetecible que todas las demás ciencias si se considera el apetito del hombre según la naturaleza de la especie, y si no se atiende a las diversas complexiones individuales» (fol. 24b). Así lo dice Francisco de Araújo. La explicación es que las ciencias especulativas son las más apetecibles (porque buscan la verdad, que es lo más deseable), y la metafísica es la máxima de estas, luego es la más deseable. Asimismo, es la más honorable, por ser la más divina (ya que solo Dios la posee perfectamente). Y también porque es sabiduría, la cual es la que más perfecciona al hombre; luego es de modo simple más apetecible que las demás. Y, si se dice que es muy difícil y fatigosa, eso es accidental, por la mezcla de tantas imágenes o fantasmas; asimismo, por la pereza humana y por las necesidades de la vida presente (fol. 24b-25a).

Por lo demás, la lógica es la más apetecible no de manera simple, sino según algún respecto, porque todas las ciencias perfeccionan el intelecto en cuanto a la razón, es decir, en cuanto al discurso. Pero tal cosa se da por parte de la materia, no por la forma; por eso, no es la más deseable de modo simple, sino según algún respecto (fol. 25b).

Esto es lo que nos dice Juan Martínez de Prado, metafísico del siglo XVII, es decir, de la escolástica barroca, acerca de la necesidad que de la metafísica tiene el hombre. Es necesaria porque trata lo que las demás ciencias no tratan, a saber, el ente. De ahí también su utilidad. Pero no es simplemente necesaria, sino según algún respecto, para la adquisición de las ciencias. Porque los conceptos y principios de la metafísica pueden comprenderse por el análisis de los términos y, con ello, se aplican de esa manera a las otras ciencias. Y la metafísica se puede adquirir sin la lógica, pero no en su estado perfecto.

En estado perfecto sí necesita de la lógica, porque tiene que proceder silogísticamente, y eso solo puede hacerlo con la enseñanza de esa disciplina. Igual lo es para las otras ciencias. También es cierto que el hombre por naturaleza desea saber y por eso desea lo que da más conocimiento, pero esto es la metafísica, ya que es la ciencia máxima y más excelsa; por lo tanto, esa sabiduría es la que más se desea. Y esto en general, si no se toman en cuenta las complexiones individuales de los seres humanos, porque allí se alojan varias dificultades. Así, la metafísica es la más apetecible de modo simple, por la verdad que aporta, y la lógica solo según algún respecto, por su utilidad.

ACTUALIDAD DE ESTAS TEORÍAS

Veamos ahora la actualidad de las tesis aportadas por Juan Martínez de Prado. La captaremos al trasluz del trabajo filosófico de Martin Heidegger. En cuanto a la necesidad de la metafísica por ser diferente de las ciencias, el pensador alemán dice claramente que ellas apuntan hacia el ente, pero que la metafísica es la única que tiene que ver directamente con él. Afirma: «*La referencia al mundo* que impera en todas las ciencias, en cuanto tales, las hace buscar el ente mismo, para hacer objeto de escudriñamiento y de fundamentación, en cada caso, el *qué* de las cosas y su modo de ser. En las ciencias se lleva a cabo —en idea— *un acercamiento a lo esencial de toda cosa*».[181] Es peculio de nuestra disciplina el tema ontológico, desde el cual ilumina los demás saberes.

Por lo que hace a la utilidad de la metafísica para adquirir las demás ciencias, el propio Heidegger establece que la labor de esta es de fundamentación, incluso de las ciencias mismas, por contener los conceptos más universales, como el del ente, la nada y los demás que lo acompañan. Expresa: «Aquello a que se endereza esa referencia al mundo es al *ente mismo* —y nada más. Aquello de que

---

[181] M. Heidegger, *¿Qué es metafísica?*, Buenos Aires: Siglo Veinte, 1967, pp. 77-78.

toda actitud recibe su dirección es *del ente mismo* —y de nada más. Aquello en lo cual irrumpe la investigación para dilucidarlo es en el *ente mismo* —y en nada más. Pero, cosa notable, en la manera misma como el hombre científico se asegura de lo que *más propio* le es, habla, precisamente, de *otro*».[182] Cabe agregar que incluso los positivistas lógicos, como Rudolf Carnap, tan adversos a la metafísica, acabaron aceptando que nuestra disciplina, frente a las ciencias, tiene la función de aportar los conceptos y principios más fundamentales que rigen el pensamiento humano y, por ende, tienen también el objeto de apoyar de la misma manera las ciencias.

En lo tocante a la posibilidad de adquirir la metafísica sin el auxilio de la lógica, igualmente podemos encontrar en Heidegger la idea de que nuestra disciplina ontológica llega a independizarse de la lógica por su carácter tan universal y trascendente. El filósofo alemán nos explica: «Pero ¿no es intangible la soberanía de la lógica? ¿No es realmente el entendimiento soberano en esta cuestión acerca de la nada? En efecto, solo con su ayuda podemos determinar la nada y situarla, aunque no sea más que como un problema que se devora a sí mismo».[183] A eso añade: «Al quebrantar así el poder del *entendimiento* en esta cuestión acerca de la nada y del ser, hemos decidido, al mismo tiempo, la suerte de la soberanía de la lógica dentro de la filosofía. La idea misma de la lógica se *disuelve* en el torbellino de un interrogante más radical».[184] Es decir, la lógica se ve rebasada por la metafísica, ya que esta última trata del ente en cuanto tal y aquella solo del ente de razón.

Aquí se puede ver cumplida la tesis de Martínez de Prado en el sentido de que los conceptos y principios de la metafísica, como el ser y la nada, son tan primarios que pueden comprenderse y aceptarse con el solo análisis de sus términos.

En relación con la idea de que la metafísica es la más deseable de las ciencias, encontramos el testimonio del propio Heidegger de que ella es muy afín al hombre porque trata las cuestiones más

---

[182] Ibíd., pp. 79-80.
[183] Ibíd., pp. 83-84.
[184] Ibíd., pp. 100-101.

fundamentales de la existencia humana, como el ser, la nada y otros semejantes. Declara: «Por el mero hecho de existir el hombre acontece el filosofar. La filosofía —eso que nosotros llamamos filosofía— es tan solo la puesta en marcha de la metafísica; en esta adquiere aquélla su ser actual y sus *explícitos* temas».[185] También esa tesis de que la metafísica es más deseable que las demás ciencias recibe confirmación del filósofo alemán cuando expresa que el ser humano ansía conocer la verdad; más aún, la «verdad del ser», como él la llama. Y se puede añadir que lo más verdadero, que es el ser, es propiedad de nuestra disciplina filosófica.

También la idea de que todo hombre por naturaleza desea saber, contenida al inicio de la *Metafísica* de Aristóteles, se encuentra apoyada por Heidegger, cuando habla de la curiosidad humana o la admiración, que es la que provoca el deseo de saber, cosa que también es expuesta por el Estagirita. Explica: «Solo cuando nos desazona la extrañeza del ente, puede provocarnos *admiración*. De la admiración —esto es, de la patencia de la nada— surge el ¿por qué? Sólo porque es posible el ¿por qué?, en cuanto tal, podemos preguntarnos por los fundamentos y fundamentar de una determinada manera».[186] La admiración es la que más estimula el deseo de saber, de conocer las causas de las cosas, y en ello sobresale nuestra ciencia.

Inclusive, la tesis de que la metafísica es deseada porque es sabiduría es atestiguada por Heidegger, quien ve que por eso mismo la metafísica es adoptada con libertad, lo cual coincide con lo que decía Martínez de Prado, a saber, que ella es deseada con apetito natural, pero que se vuelve elícito cuando interviene el conocimiento: «Esta especialísima referencia al ente mismo en el mundo es sustentada y conducida por una *actitud* de la existencia humana, *libremente adoptada*. También en su hacer y omitir, pre y extracientíficos, el hombre tiene que habérselas con el ente».[187] La misma razón humana, al darse cuenta de la excelsitud de la metafísica, decide adoptarla. Es por ser

---

[185] Ibíd., p. 111.
[186] Ibíd., p. 109.
[187] Ibíd., p. 78.

sabiduría, aunque ya en la modernidad no se diga que es por su carácter cuasi divino, sino porque es la ciencia de lo más abstracto y, al mismo tiempo, más concreto, como es el ser; abstracto por ser un concepto tan universal y concreto por ser lo más existencial del hombre.

Con ello, vemos que la controversia metafísica desarrollada por Juan Martínez de Prado en el siglo XVII no es ociosa ni bizantina, o meramente barroca, sino algo que nos muestra por qué Schopenhauer pudo llamar al hombre «animal metafísico».[188]

CONCLUSIÓN

Hemos considerado las razones que da nuestro autor español para afirmar la necesidad y utilidad de la metafísica. Se centra, sobre todo, en lo que ya señalaba Aristóteles: el deseo que todo hombre tiene del saber. Y el más elevado es el de la metafísica, más que el de cualquier otra ciencia, pues de ella las ciencias reciben sus conceptos y principios más universales. Es algo que volvemos a encontrar en la filosofía reciente: por parte de los positivistas lógicos, como Carnap, porque llegaron a aceptar que la metafísica es válida y tiene un papel rector en el ámbito de las ciencias, y por parte de los existencialistas, como Heidegger, porque es la sabiduría humana, la más abstracta, pero, al mismo tiempo, la más concreta.

Por eso, me parece que es muy de atender la exposición de Martínez de Prado acerca de la necesidad de la metafísica para el ser humano. Si algo se demuestra necesario, no cuesta nada demostrar su posibilidad y validez, cosa que han cuestionado muchos filósofos en la actualidad. Por eso, es algo refrescante el volver nuestra mirada a esta clase de pensadores que han defendido nuestra disciplina ontológica.

---

[188] A. Schopenhauer, *El mundo como voluntad y representación*, Complementos al Primer libro, La doctrina de la representación intuitiva, cap. XVII, en *Obras*, t. II, Buenos Aires: El Ateneo, 1950, p. 176.

Algunos lógicos escolásticos en los siglos XVII y XVIII

INTRODUCCIÓN

En los capítulos anteriores, hemos atendido a filósofos escolásticos, preponderantemente tomistas y dominicos. En este, veremos a algunos representantes tardíos de esta corriente. Son dos del siglo XVII: Antonio Goudin, célebre por sus discusiones con los pensadores de la naciente modernidad, y Froylán Díaz, más tradicional, así como una obra anónima del Colegio de Santo Tomás de Alcalá, ya del siglo XVIII. Así, en lo que sigue, abordaré tres textos de lógica de esos autores. Se trata de autores dominicos seguidores de santo Tomás. Los textos han sido elaborados en plena modernidad, pero solo el primero, el de Goudin, tiene alguna referencia a los nuevos filósofos, mientras que los otros dos se resguardan en la tradición tomista.

De acuerdo con ello, podremos ver que el texto de Goudin toma en cuenta a los modernos, lo cual se ve más claramente en sus tratados sobre la física o filosofía natural y se percibe en las concesiones que hace al talante epistemológico de esa época; es decir, incorpora elementos de gnoseología, que hasta lo ponen en peligro de caer en el psicologismo, aunque se salva de ello por la fuerza de la lógica formal de su tradición escolástica. (Es algo comprobado que, en lógica, los escolásticos eran mejores que los modernos, más dados estos últimos a la epistemología). Y los otros dos textos, gracias a su apego a la línea tomista (de la tradición medieval), son más afortunados en cuanto a la lógica formal, como reconocen hoy en día los historiadores de esta disciplina.

GOUDIN

El curso de filosofía del dominico francés Antonio Goudin (1640-1695) abarca la lógica y la física. Su primera edición fue en 1671 y la décima, corregida y aumentada por el autor, en 1692. La que utilizo es muy posterior y lleva por título *Philosophia juxta inconcussa tutissimaque D. Thomae dogmata quatuor tomis comprehensa auctore P. F. Antonio Goudin, Ordinis Praedicatorum, Provinciae Tolosanae alumno, in Sacra Facultate Parisiensi doctore theologo, et in Majori Conventu et Collegio Parisiensi ejusdem ordinis regente, editio novissima, t. 1, Logica, Urbeveteri, Prelis Speraindeo Pompei*, 1859.[189] Y solamente hablaré de su lógica.

Divide la lógica o dialéctica en menor y mayor, cosa que ya había comenzado a hacer, por ejemplo, Juan de Santo Tomás (antes se dividía en súmulas y dialéctica). La lógica menor o formal es la que solía enseñarse en súmulas; la mayor es la que trataba cuestiones especiales de la anterior. Esta última era la lógica material, con lo que ahora se trata en la filosofía de la lógica. Aquí nos concretaremos a la primera o menor.

Procede ordenando según las tres operaciones del entendimiento (siguiendo a santo Tomás), tanto en lógica menor como en mayor. La lógica menor, que es la lógica formal, está constituida por los preceptos y el modo de dirigir la mente en el conocimiento de la verdad (p. 57). Se dice en los tres actos: 1) la aprehensión y los términos; 2) el juicio y las proposiciones, y 3) el discurso y la argumentación. Pero ya mezcla el acto psicológico y el producto lógico.

---

[189] Urbeveteri es el nombre latino de Orvieto, Italia. Cf. G. Fraile, *Historia de la filosofía, III) Del Humanismo a la Ilustración (siglos XV-XVIII)*, Madrid: BAC, 1966, p. 410.

Debido a ello, suele traer una parte correctamente formal y otra que tiende al psicologismo, permitiendo en ese punto una intromisión psicológica, en atención al epistemologismo de esa época *crítica*. En efecto, 1) habla sobre el término, pero también de la correcta *aprehensión* de los términos; 2) habla de la proposición, pero también del *recto juicio* sobre las proposiciones, y 3) habla de los argumentos, pero también del buen modo de *proceder criteriológicamente* en el método. (Tal vez ya recibía la influencia de Descartes y los racionalistas, a quienes se comienza a citar, al menos en manuales que los exponían; así, Goudin, en la página 71, cita el *De arte cogitandi*, «escrito en francés», o sea, *L'art de penser* o *Lógica de Port Royal*, de Antoine Arnauld y Pierre Nicole, los jansenistas amigos de Pascal, que ya siguen a Descartes, aunque con divergencias. Y en la página 110 se refiere a los pirrónicos académicos o escépticos, pero sin distinguirlos, quizá refiriéndose a modernos).

La primera parte de la lógica menor trata de los términos y de su correcta aprehensión o percepción (pp. 60 ss.). En cuanto a lo primero, se estudia el signo, el término en sí mismo, sus divisiones y sus propiedades. Se añade un estudio sobre la universalidad de los términos y otro sobre los términos predicamentales. Es decir, se trata el tema de los predicables y los predicamentos.

Se abordan las partes clásicas, que son la suposición, las proposiciones hipotéticas, las exponibles, los *modi sciendi* y los tópicos o *loci*, pero no tiene tratado de las *consequentiae*. Como partes modernas, tiene los tratados sobre los errores y los remedios para cada operación, los cuales ya son elementos epistemológicos.

En el apartado de los términos, es relevante su tratado del signo, en el cual sigue la tradición: signo formal (que es el concepto de la mente), arbitrario (como el lenguaje) y consuetudinario (como el mantel en la mesa indica que habrá comida); también la sigue al dividir el término, primeramente, en mental y oral-escrito (pp. 61-64). Las otras divisiones de los términos son simple y complejo; positivo (*hombre*), negativo (*nada*) e infinito (*no hombre*); de primera intención (*justicia*) y de segunda (*género, especie*); singular y común; colectivo y distributivo, y, en este último, en unívoco, equívoco y análogo; categoremático (el nombre y el verbo) y sin-categoremático (las partículas), el categoremético se subdivide en abstracto y concreto; absoluto (*hombre*) y connotativo (*europeo*, pues connota que es hombre); sujeto y predicado; antecedente y conse-cuente, y trascendental (*ente*) y categórico (*substancia*) (pp. 64-67). Estos corresponden en su mayoría a la clasificación escolástica usual, excepto porque se añaden los términos connotativos, que, según había dicho Domingo Soto, no pueden reducirse sin más a los adje-tivos, y Goudin lo hace.

Las propiedades de los términos dentro de la proposición son las mismas de antes: suposición, ampliación, restricción, alienación y apelación (pp. 67-74) (deja de lado la significación, que solía tratarse junto con la suposición). La suposición es «la posición del término en lugar de algo de lo que se verifica» (p. 69). Se divide en material y formal; la primera es la posición del término en lugar de sí mismo («Homo est vox» 'El hombre es una expresión'); la segunda, en lugar de su significado («Homo est discursivus», 'El hombre es dis-cursivo'). La formal es simple y real o personal (absoluta); la primera es la posición del término por su significado inmediato («Homo est species» 'El hombre es una especie'); la segunda, por su significado tanto mediato como inmediato («Homo est vivens» 'El hombre es un viviente'). La real se divide en colectiva, distributiva y disyuntiva: la primera es la posición del término común por sus significados tomados conjuntamente («Apostoli sunt duodecim» 'Los apóstoles son doce'); la segunda es por todos y cada uno de los significados («Homo est animal» 'El hombre es animal') y se subdivide en com-pleta e incompleta: la primera desciende a los individuos singulares («Animal est sensitivum» 'El animal es sensitivo'), mientras que en la segunda un término genérico se toma por las especies que con-tiene, pero no por sus individuos («Omne animal fuit in arca Noe» 'Todo animal estuvo en el arca de Noé'); la tercera es solo por algu-nos de los significados («Aliquis homo est albus» 'Algún hombre es blanco'). Por eso, esta última se divide en confusa y determinada: la primera es la acepción del término por su significado, que no se puede determinar («Aliquis oculus est necessarius ad videndum»

'Algún ojo es necesario para ver'); la segunda, por algunos significados determinados («Quidam homines detexerunt novum orbem» 'Algunos hombres descubrieron el nuevo mundo'). Por su parte, la apelación es como en los modernos, por ejemplo, en Juan de santo Tomás, y no como en Pedro Hispano: no ya la suposición por un personaje concreto, sino por un significado propio, como cuando se dice «El médico cura», pues lo hace en cuanto médico; o puede estar con un cambio de significado, como cuando se dice «El médico canta», pues no lo hace en cuanto médico, sino en cuanto hombre (p. 73). Merece hincapié el tratamiento que hace de la suposición, pues cambia algunos nombres de estas, y las cinco reglas que da para distinguirlas. Añade dos artículos, uno sobre la universalidad de los términos y otro sobre su predicamentalidad, que suplen los tratados de los categoremas o predicables y de las categorías o predicamentos (pp. 74-79).

Lo que sí se aparta de la tradición lógico-semántica escolástica es la modalidad un tanto psicologista que adopta en su apartado de los modos (o criterios) para aprehender (o percibir) bien los términos (pp. 80-83). Aunque son temas lógicos, los trata como ubicados en la teoría del conocimiento o crítica. En efecto, aun cuando trata los *modi sciendi*, los reduce a una finalidad de criteriología: evitar la mala captación de los términos. Los *modi sciendi* son los habituales: definición, división y argumentación (pp. 83-93). Sin embargo, se centra más en la definición, a la que añade la abstracción, tema claramente gnoseológico, lo cual corrobora su concesión a la modernidad (pp. 93-94).

Pasa a la segunda operación, con los juicios y su expresión en oraciones y proposiciones (pp. 95 ss.). Al tratar de las proposiciones, aborda las categóricas y las hipotéticas. Las primeras son simples; las segundas, compuestas, que se dividen en cinco: condicional, causal, copulativa, disyuntiva y discretiva. La condicional lleva la partícula *si* y, para que sea verdadera, basta que una se siga de la otra, aunque a veces ninguna de las dos sea verdadera. La causal lleva la partícula *quia* 'porque' y, para que sea falsa, el antecedente no ha de ser causa del consecuente, aunque ambas sean verdaderas. La copulativa lleva la partícula *et* 'y' y es verdadera si todas sus simples son verdaderas. La disyuntiva lleva la partícula *vel* 'o' o *aut* 'o *bien*... o *bien*'[190] y, para que sea verdadera, basta que una sea verdadera (pero, por no distinguir entre la inclusiva y la exclusiva, tiene que añadir: «Y, por consiguiente, es falsa cuando entre las dos disyuntivas hay medio»). La discretiva lleva *sed* 'pero' o *tamen* 'sin embargo', mas no pone sus valores de verdad. De hecho, agrega la causal, que antes era una de las formas de la condicional, y la discretiva, que es adversativa y antes era una de las formas de la copulativa.

Asimismo, trata de las proposiciones exponibles, que son las que se desglosan en otra, y pone cuatro: exclusiva, exceptiva, comparativa y reduplicativa (pp. 101-102). Resuelve las tres primeras en hipotéticas copulativas y la última, cuando es propiamente reduplicativa («El prudente, en cuanto prudente, es bueno»), en una causal («El prudente es bueno, porque es prudente»), pero cuando es solo especificativa no dice cómo exponerla. Igualmente, habla de las proposiciones modales: necesaria, contingente, posible e imposible, que también se dividen en divididas y compuestas. Un ejemplo de las primeras es «El justo es posiblemente malo» y un ejemplo de las segundas, «Es posible que el justo sea malo» o «Que el justo sea malo es posible»; una es dividida porque el modo se pone en medio y la otra es compuesta porque el modo se pone como predicado (pp. 102-103).

También habla sobre las relaciones que se dan entre las proposiciones, principalmente las oposiciones, conversiones y equipolencias, siguiendo la doctrina usual (pp. 103 ss.).

Pero hay una sección que aproxima su actitud nuevamente al psicologismo (intromisión en la lógica de la gnoseología o criteriología, propia de la modernidad): su tratamiento del juicio —distinguiéndolo de la proposición en su carácter psicológico de acto mental—, que introduce en la lógica formal, en la que antes no se trataba.

---

[190] *Vel* corresponde a la disyunción inclusiva, como en «Paseo o pienso» (a la vez); *aut* corresponde a la disyunción exclusiva, como en «O corro o duermo» (es decir, no a la vez).

Parece responder a un ambiente criticista, *à la* Descartes, pues trata de los remedios para no errar en los juicios y señala sus defectos (pp. 108-121).

En el tratado del raciocinio, se pierde mucho del rico tema de las inferencias o *consequentiae* y se centra, únicamente, en la inferencia silogística (pp. 122 ss.). Incluso todas las demás giran en torno a ella. La inducción, el ejemplo, la deducción o silogismo, con el dilema, el epiquerema, el entimema y el sorites. En cuanto a los silogismos, los divide en categóricos e hipotéticos (copulativo, disyuntivo, condicional) y en figuras y modos, como es usual hasta ahora. Las reglas de los silogismos son las mismas que aparecen aún hoy en los manuales. Los entimemas son silogismos truncos; los epiqueremas, sorites y dilemas no son sino otras formas menos estrictas de silogismos. De la argumentación (lo que sería la consecuencia), da tres reglas: «De lo verdadero nunca se sigue lo falso», «De lo falso a veces se sigue lo que de otra manera es verdadero» (como en «Los apóstoles son réprobos, luego Judas es réprobo») y «El antecedente debe ser más conocido que el consecuente» (p. 126). También añade las reglas de los silogismos, que son las usuales, que siguen saliendo en los manuales actuales.

Tiene esta parte, como aspecto curioso, la reducción de lo que era el tratado *de inventione medii* a los tópicos o lugares dialécticos, que son vistos como lugares de donde se toman los términos medios silogísticos, que antes eran lugares argumentativos (entimemáticos) de donde surgían las *consequentiae*. Y añade los sofismas o falacias (pp. 148-158).

Pero lo que nuevamente inclina al psicologismo es un tratado que tiende a la gnoseología o criteriología. Es el tratado del método, pues no se entiende tanto (o no solamente) como lógica aplicada, sino como reglas que conducen bien las operaciones del entendimiento; se parecen mucho a las del *Discurso del método*, de Descartes, pero no lo cita a él ni es seguro que lo conociera (pp. 159-163). Es el tributo pagado a esa época de intereses epistemológicos, tanto para los racionalistas como para los empiristas.

Un índice de ese criticismo del ambiente en que vivía Goudin es el conjunto de defectos o causas de defecto que señala en la aprehensión de los términos, a saber: la falta de claridad y distinción (esto es, la disminución de la percepción, la oscuridad y la confusión, en la línea de Descartes); los *modi sciendi*, es decir, la definición y la división (junto con la abstracción) son remedios para salvar esos defectos gnoseológicos o críticos que ahora irrumpen en la lógica. Asimismo, descubre los defectos del conocimiento del juicio. Los remedios que se proponen son igualmente gnoseológicos o criticistas (criteriológicos). Algunos de los remedios coinciden con las reglas del *método* cartesiano.

En las proposiciones, se habla de temas clásicos, conservando, por ejemplo, el de las exponibles, después de las condicionales. Pero se rompe la tradición lógico-formal por introducir esas consideraciones gnoseológicas (que corren el riesgo de contaminar de psicologismo) sobre la comprensión del juicio de la proposición. Están por el lado de la certeza (no de la verdad), que es el lado subjetivo y más psicológico que lógico. Antes, esos temas se sacaban de la lógica formal y se pasaban a la parte de lógica material.

En la argumentación, se pierde la tradición de las *consequentiae* y se toma la silogística como única, aunque antes se hablaba de otras, como las de la lógica de proposiciones (de los estoicos y medievales). Los tópicos o la *inventio medii* adquieren matices gnoseológicos y el apéndice sobre el método se acerca mucho a lo que por él entendían los racionalistas seguidores de Descartes. Sin embargo, como se ha dicho, no consta que conociese su *Discurso del método*; pero las reglas que pone se parecen mucho a las cartesianas.

DÍAZ

Consideremos otra lógica del siglo XVII: la de Froylán Díaz de Llanos, dominico español (+1714). De León, catedrático en Alcalá, autor de un curso completo de filosofía que comprende la *Filosofía natural* (Alcalá, 1692; Valladolid, 1698), la *Dialéctica* (Madrid, 1694; Valladolid, 1701), el *De generatione et corruptione* (Valladolid, 1699, 1732) y una *Brevis explicatio dialecticae*, publicada póstumamente (Valladolid, 1743).[191]

---

[191] G. Fraile, ed. cit., p. 1063. Este autor pone como fecha de esa última obra 1745, pero es de 1743.

Atenderemos a esta última, que lleva en la portada estos datos: *Brevis explicatio dialecticae iuxta mentem D. Thomae, avctore R.mo P. M. Fr. Froylano Diaz, legionensi, filio Conventus S. Pauli Vallis-Oletani, regio consiliario in supremo S. Inquisitionis senatu, etc. Anno 1743, Vallis-Oleti: Apud Viduam Iosephi à Rueda, in Via de Samano.*

Es la lógica menor o formal y sigue las tres operaciones del intelecto. A ellas dedica un capítulo proemial (pp. 1-4). Pasa a otro capítulo en el que explica cuatro proposiciones, que son las siguientes: 1) «Que la dialéctica es la primera en la adquisición, aunque no la primera en dignidad», 2) «Que la dialéctica es el arte de disputar», 3) «Que la dialéctica dirige la triple operación del intelecto» y 4) «Que en la dialéctica hay que empezar por el término». Son cuestiones proemiales bastante claras (pp. 5-9).

El libro primero tiene tres capítulos sobre el signo (pp. 10-22). Se lo define como el objeto que a la potencia cognoscitiva representa algo distinto de sí mismo. Se explica el objeto motivo y el terminativo, así como el representar, y se responde a las objeciones. Se divide el signo en formal e instrumental. El formal, a su vez, en ultimado y no ultimado, en concepto directo y concepto reflejo y en noticia intuitiva y noticia abstractiva; y el instrumental, en natural, arbitrario y consuetudinario, como siempre.

Viene un capítulo IV sobre el término (pp. 22-43). Se lo define, se lo divide, según las clases usuales. El capítulo V es sobre el nombre y el verbo (pp. 43-50).

El libro segundo es sobre el juicio y tiene un primer capítulo sobre la oración, que es su expresión. Allí, se insertan los *modi sciendi*, que son oraciones: definición, división y argumentación (pp. 51-64). El capítulo II es sobre la proposición, que es la oración afirmativa, es decir, la que puede entrar en el silogismo. Entre las varias divisiones usuales, trata la categórica y la hipotética: copulativa, disyuntiva, condicional, racional y causal. Añade algunos lugares argumentativos que son interesantes y no vienen en otros autores: «De la copulativa a una de sus partes», «De una parte de la disyuntiva a toda ella», «En las disyuntivas, con la destrucción de una parte, a la afirmación de la otra». También se habla de que las hipotéticas son afirmativas o negativas en función de sus categóricas, y lo mismo con sus cantidades (pp. 64-77). Estos son temas importantes que ahora se toman en cuenta en la lógica proposicional.

Viene una parte semántica, el capítulo IV, que es sobre la suposición de los términos en la proposición (pp. 78-92). Difiere un poco de la definición de Goudin: es la acepción de un término en lugar de algo de lo que se verifica. Dice «acepción», mientras que Goudin decía «posición», pero se pueden ver significando lo mismo. Da la división usual, pero añade la división en propia («El león es bravo») e impropia o metafórica («Roldán es un león»); también agrega la división en común y singular, las cuales no veíamos en Goudin. Y establece las reglas de la suposición: para reconocer cuál tiene el término del que se trate.

El capítulo V versa sobre la suposición de los relativos, para lo cual aporta igualmente unas reglas para su manejo (pp. 92-94). Este tema de la suposición de los relativos no aparece en Goudin. El capítulo VI trata la ampliación y la restricción de los términos, con sus reglas y sus lugares argumentativos (pp. 96-103). El VII es sobre la apelación, que tiene el mismo sentido que en Goudin, el moderno que hemos visto, y no el de Pedro Hispano, con sus reglas (pp. 103-109).

El capítulo VIII versa acerca de la oposición de las proposiciones, con sus leyes y condiciones (pp. 110-121). El IX es acerca de las equipolencias y sus reglas (pp. 121-124). El X, sobre la conversión de las proposiciones (pp. 124-128).

El capítulo XI está dedicado a las proposiciones modales: su naturaleza, su división en compuestas y divididas, su reducción, sus oposiciones (pp. 128-139). El XII es sobre la proposición exponible: su naturaleza y su división, la exceptiva, la reduplicativa y otras interesantes: las de *incipit*, de *desinit*, de *primo* y de *ultimo*, que no abordó Goudin, aunque deja de lado la exclusiva y la comparativa, que el autor francés sí trata (pp. 139-149).

El libro tercero está consagrado a la tercera operación, el raciocinio, y su primer capítulo es sobre la consecuencia o inferencia. Aporta su definición y sus reglas: de un consecuente falso se sigue uno verdadero; si el antecedente es necesario, el consecuente debe serlo también; de un antecedente contingente no se puede seguir un consecuente imposible; lo necesario se sigue de cualquier cosa; en los singulares, lo necesario se sigue de cualquier cosa; todo lo que se sigue del consecuente se sigue del antecedente y todo lo que repugna al consecuente repugna al antecedente (pp. 149-155). Son reglas que se siguen usando en la lógica actual.

El capítulo II es sobre la inducción; se la define y se la divide en ascenso y descenso, que corresponde a lo que en la lógica actual se llama «universalización e instanciación», y se añaden sus reglas (pp. 155-159).

El capítulo III es sobre los silogismos. Se da su definición, se aportan sus principios (*dictum de omni* y *dictum de nullo* y los que se dicen de un tercero se dicen entre sí), que siguen siendo los usuales. Se dividen, por la materia, en común y expositorio, y por la forma, en figuras y modos, como se continúa haciendo (pp. 159-169). El capítulo IV agrega las reglas y los defectos de los silogismos, que conservan su actualidad en los manuales de hoy (pp. 169-176). El capítulo VI versa acerca de la reducción de los silogismos. Se reducen a los modos de la primera figura, tanto de manera ostensiva como *per impossibile* (pp. 176-183).

La obra de Froylán Díaz, a pesar de ser contemporánea a la de Goudin (aunque publicada después, por haber sido póstuma), es más clásica que la del autor francés, ya que esta última contiene elementos gnoseológicos que seguramente fueron debidos al influjo del criticismo que ya estaba presente en esa época. Incluso podemos decir que las cosas clásicas que Díaz pone son más útiles para la lógica que los excursos gnoseológicos que añade Goudin y que se salva del psicologismo porque ata la lógica formal clásica.

COMPLUTENSES

Vayamos a otro texto de lógica de ya entrado el siglo XVIII. Lleva el título de *Collegii Sanct. Thomae Complutensis, Dialecticae institutiones, sive logica parva, decima editio, anno 1754, Compluti: Ex*

Officina D. Mariae Garcia Briones, Typographae Universitatis. Es una lógica menor o formal que se usaba en el Colegio de Santo Tomás de Alcalá, de los dominicos, y se ve que era muy usado, pues se trata de la décima edición. Solo señalaré en qué difiere de los libros anteriores que hemos visto.

Este libro ve la dialéctica igual a las súmulas. Tiene un preludio, con una inscripción, según la cual define la lógica y dice que será lógica parva o menor. Y la finalidad es dirigir las operaciones del intelecto: simple aprehensión, composición y división, y discurso. El juicio compone y divide cuando afirma o niega. Habla del método, pero poco, y más sobre el arte de disputar: cómo afirmar, negar y distinguir, para probar (pp. 1-13).

El libro I es sobre la primera operación. El capítulo 1 aborda el signo (pp. 13-21). Expone lo usual; solo llama la atención que divide el signo arbitrario en divino y humano, en solo manifestativo (la trompeta que llama a la guerra) y supositivo (como cualquier proposición), en especulativo y práctico y en rememorativo, demostrativo y pronóstico (según se refiera a algo pasado, presente o futuro).

El capítulo 2 versa acerca del término (pp. 21-34). Expone lo usual; solo llama la atención que al término equívoco lo divide en casual y deliberado, siendo este último el análogo (p. 24), y que al término singular lo divida en determinado («Pedro»), demostrativo («Este hombre») y *ex suppositione* («El hijo de la Virgen», porque se supone que es hijo único). En cuanto al connotativo, nuestro autor se extiende bastante, dándole importancia. Asimismo, divide el categoremático en denominativo y denominante, en el sentido de Aristóteles, como en *blanco* y *blancura*. Además, trata del nombre y el verbo.

El libro II es sobre la segunda operación: la enunciación. En el capítulo 1, dedicado a la oración (pp. 47-48), añade la división en perfecta e imperfecta, según deje satisfecho al oyente o no. En los *modi sciendi*, al hablar de la definición, la divide en esencial, descriptiva y causal; la esencial, en quiditativa *simpliciter* («Hombre: animal racional») y quiditativa por aditamento («Cuerpo: disgregativo de la vista») y en adecuada e inadecuada, y da sus leyes o condiciones.

Y divide la división en *per se* y *per accidens*, además de agregar sus condiciones (pp. 57-61).

Al hablar de las proposiciones negativas, se refiere a la negación de la cópula (p. 69). En cuanto a la suposición, la divide en propia e impropia; la propia, en formal y material; la formal, en simple y personal; la personal, en natural (o esencial: «*El hombre* es animal racional») y accidental («*El hombre* es blanco»); la personal, también en común y singular; la común, en determinada («*El hombre* es blanco») y confusa («Promitto tibi *librum*» 'Te prometo *un libro*'); la confusa, en distributiva («*Todo hombre* es animal») y solo confusa («Todo hombre es *animal*»); la distributiva, en completa («*Todo animal* [toda especie] estuvo en el arca de Noé») e incompleta («Todo animal [de cada especie] estuvo en el arca de Noé»), y la solo confusa, en copulada («Todos los apóstoles son doce») y disyunta («Se requiere el ojo para ver», porque puede ser uno u otro de los dos que tenemos) (pp. 73-83). Trata de la suposición de los relativos, de la ampliación y la restricción, cuyas reglas aporta como lugares argumentativos. También estudia la apelación, en el sentido *moderno* que ya conocemos, distinto del de Pedro Hispano (pp. 93-99).

Acerca de las proposiciones, expone lo usual, lo que hemos encontrado en los otros manuales: la oposición, las equipolencias y la conversión de proposiciones, con sus reglas. Pero esto en las categóricas. Y llama la atención que de las oposiciones y equipolencias de las modales hace un tratamiento muy extenso (pp. 133-145). También abarca las proposiciones hipotéticas y las exponibles, como hicieron los otros manuales.

El libro III es sobre la tercera operación de la mente, el raciocinio o discurso. Trata la inducción y la deducción. En cuanto al silogismo, cuando habla de la reducción de los modos imperfectos a los de primera figura, dice de manera más clara que los otros tratadistas que esta se puede hacer por conversión simple, por transposición y *per impossibile* (pp. 196-198). Añade las reglas usuales de los silogismos y se detiene en las reglas para cada figura, lo cual es más explícito que los otros dos manuales (pp. 207-215). Trata del arte de encontrar el término medio, del silogismo expositivo y de los lugares argumentativos, tanto de los tópicos como de las falacias. Estos lugares son verdaderas reglas de inferencia, como en los sistemas de inferencia natural, esa lógica que se usa hoy en día.

CONCLUSIÓN

En estos tres manuales de lógica menor o formal que hemos visto, hemos podido darnos cuenta de que Goudin rinde pleitesía al nuevo temperamento gnoseológico, por estar en un tiempo muy interesado en la epistemología o crítica del conocimiento, más que en la lógica formal. Hasta con peligro de incurrir en psicologismo, aunque se salva de hacerlo. De ahí que los otros dos libros de texto, que no se ocupan de lo moderno y, por eso, van en la línea escolástica medieval, son más apegados a la lógica formal, según lo que más se aprecia y valora hoy en día entre los dedicados a esa rama tan importante de la filosofía que es la lógica.

Los tres textos nos muestran la excelencia de la escolástica en la lógica. Fue mejor que la lógica moderna, representada por la *Logique de Port Royal* o *Art de penser*, muy inferior a estos cursos tradicionalistas. La lógica escolástica fue mucho mejor, como reconocen historiadores actuales de esa disciplina; en lo que sabemos que la modernidad rebasó a la escolástica fue en la experimentación científica y el uso de las matemáticas, pero la lógica escolástica ha sido muy valorada recientemente.

Conclusiones

INTRODUCCIÓN

En este libro, he querido reunir algunos ejemplos de la filosofía escolástica, desde el siglo XIII hasta el XVIII, para que se pueda contemplar la excelencia de este pensamiento. Hay muchos otros paradigmas o exponentes, pero los que elegí me parecen suficientes para mostrarlo.

Iniciamos nuestra exploración por los altos terrenos de la metafísica con el ejemplarismo de san Buenaventura, esa doctrina suya de que todo depende de las ideas ejemplares de las cosas que tienen su sede en la mente de Dios. Es la clave de bóveda de su sistema filosófico y teológico. A partir de allí tiende sus ramas como árbol del paraíso.

Pasamos luego a santo Tomás, quien fue más aristotélico y, aun cuando admite ideas ejemplares divinas, prefiere solucionar el problema de los universales desde un realismo moderado, de tipo aristotélico, a partir de las formas substanciales o esencias, radicadas en las cosas concretas, y no fuera de ellas.

Y, como la metafísica fundamenta la ética, accedimos a esta rama de la filosofía, examinando algunas posturas que se plantean desde la hermenéutica. Allí es donde vimos que se unían la metafísica y la hermenéutica, en una interpretación del ser humano que se necesita para poder asignarle normas morales y jurídicas que le resulten adecuadas. Además, lo consideramos en el propio Aquinate y en un eminente seguidor suyo, Francisco de Vitoria.

Caminamos, a continuación de eso, hacia el terreno de la ética de la economía. Examinamos las propuestas de Pierre de Jean Olivi al comienzo del capitalismo, en la Edad Media madura. Y atendimos a Francisco de Vitoria, experto en resolver dudas que brotaban de la práctica mercantil. Es verdad que se trata de problemas morales, pero precisamente por eso nos insisten en recordar la obligación que tiene la economía de orientarse hacia el bien común y la justicia.

De ahí nos movimos hacia otro egregio seguidor de santo Tomás, que fue Domingo de Soto, de quien estudiamos su filosofía del derecho, su filosofía política y su lógica. Ha sido un clásico en todos esos temas y nos dejó su enseñanza, aprovechable incluso en nuestros tiempos.

Pasamos luego a Francisco Suárez, continuador de esas doctrinas de los maestros de Salamanca, como Vitoria y Soto. Él fue el que las divulgó hacia la modernidad, ya que los nuevos filósofos lo tuvieron en cuenta. Y, además, vimos cómo influyó en la ideología de las revoluciones de independencia en América.

Juan Martínez de Prado, escolástico del siglo XVII, nos aleccionó acerca de la necesidad de la metafísica, sobre todo por el ansia de saber que tiene el hombre, y que por lo mismo aspira a la ciencia máxima a nivel humano, que es la metafísica, auténtica sabiduría.

Luego, examinamos tres manuales de lógica de autores escolásticos de los siglos XVII y XVIII que continuaban la enseñanza de Soto. En apretados resúmenes, entregaban su doctrina, la cual era aprovechada por los estudiantes de esa época. Salían tan bien formados en esta disciplina como cualquiera de los de nuestros días.

De esta manera, hemos explorado esos territorios tan altos de la metafísica y tan útiles de la lógica, ayudados por la hermenéutica, la cual nos da una sensibilidad analógica, para poder acceder a ellos.

Tengo la convicción de que estos paradigmas de la filosofía escolástica bastarán para hacernos ver que el pensamiento actual necesita revisar muchos de sus elementos y volver la mirada a la historia para encontrar pistas que lo ayuden a salir del marasmo en el que se halla. Atorados, como estamos, entre el univocismo de los positivistas y el equivocismo de los posmodernistas, necesitamos una racionalidad analógica que nos auxilie. Basten estos ejemplos, pocos pero selectos, para que nos muevan a renovar nuestra filosofía actual.

Bibliografía

ABELLÁN, J. L., *Historia crítica del pensamiento español. Vol. 2) La edad de oro (siglo XVI)*, Madrid: Espasa-Calpe, 1979.

AGUSTÍN, S., *Confesiones*, México: Ediciones Paulinas, 1987 (10.ª ed.).

ANDRÉS MARTÍN, M., «Influencia de san Buenaventura en la mística española de la Edad de Oro», en M. de Castro, Á. Huerga y M. Andrés, *San Buenaventura*, Madrid: Fundación Universitaria Española, 1976, pp. 105-140.

ARENDT, H., *La condición humana*, Buenos Aires: Paidós, 2009 (5.ª reimpr.).

ASHWORTH, E. J., «Domingo de Soto (1494-1560) on Analogy and Equivocation», en I. Angellelli y M. Cerezo (eds.), *Studies on the History of Logic*, Berlín y Nueva York: Walter de Gruyter, 1996, pp. 117-131.

BELTRÁN DE HEREDIA, V., «Introducción biográfica» a V. D. Carro, *Domingo de Soto y su doctrina jurídica*, Madrid: Real Academia de Ciencias Morales y Políticas, 1943, pp. 17-71.

— *Domingo de Soto. Estudio biográfico documentado*, Salamanca: BTE, 1960.

BEUCHOT, M., «Introducción» a G. W. Leibniz, *Discusión metafísica sobre el principio de individuación*, introd., trad. y notas de M. Beuchot, México: UNAM, 1986, pp. 5-15.

— Las falacias y las paradojas lógico-semánticas en la Edad Media, *Manuscrito*, 10 (1987), pp. 75-84.

— Lectores conventuales en la provincia dominicana de Santiago de México (siglo XVI), *Archivo Dominicano*, 8 (1987), pp. 51-62.

— *Estudios sobre Peirce y la escolástica*, Pamplona: Cuadernos de Anuario Filosófico, 2002.

— Phrónesis, *analogía y hermenéutica*, México: UNAM, 2007.

BIARD, J., Matière et forme dans la théorie buridanienne des consequences, *Archives d'histoire doctrinale et littéraire du Moyen Âge*, 61 (1989), pp. 151-168.

BOH, I., «A 15th Century Sistematization of Primary Logic», en *Memorias del XIII Congreso Internacional de Filosofía*, México: UNAM, 1964, vol. 5, pp. 45-51.

BONNEFOY, J., *Le Saint-Esprit et ses dons selon Saint Bonaventure*, París: Vrin, 1929.

BRUFAU PRATS, J., *El pensamiento político de Domingo de Soto y su concepción del poder*, Salamanca: Universidad de Salamanca, 1960.

BUENAVENTURA, S., *Los dones del Espíritu Santo*, Buenos Aires: Cursos de Cultura Católica, 1943.

— *Obras*, t. I, Madrid: BAC, 1945.

— *Obras*, t. III, Madrid: BAC, 1947.

BURLANDO, G., La arquitectura mental en el escolasticismo, en *Revista de Filosofía*, vols. XLV-XLVI (1995), pp. 99-126.

— «Autoconocimiento intelectual en el De anima de Francisco Suárez y las *Meditaciones sobre filosofía primera* de Descartes», en A. Cardoso, A. M. Martins y L. Ribeiro dos Santos (coords.), *Francisco Suárez (1548-1617). Tradiçao e modernidade*, Lisboa: Ediçôes Colibri y Centro de Filosofia da Universidade de Lisboa, 1999, pp. 169-186.

CHAFUÉN, A., Justicia distributiva en la escolástica tardía y argumentos post-tomistas a favor de la propiedad privada, *Report*, 6, ago. (1986), pp. 1-28.

COLLEGIUM SANCT. Thomae Complutense, *Dialecticae institutiones, sive logica parva,* Compluti: Ex Officina D. Mariae Garcia Briones, 1754 (10.ª ed.).

CURA, Á. DEL, Domingo de Soto, maestro de filosofía, *Estudios Filosóficos*, 9 (1960), pp. 391-440.

DESCARTES, R., *Discurso del método*, Buenos Aires: Aguilar, 1964 (6.ª ed.).

DÍAZ, F., *Brevis explicatio dialecticae iuxta mentem D. Thomae, Vallis-Oleti:* Apud Viduam Iosephi à Rueda, 1743.

DIEGO CARRO, V., «Introducción general» a D. de Soto, *De la justicia y el derecho*, Madrid: Instituto de Estudios Políticos, 1968, t. I, pp. XIX-XXVI.

D'ORS, Á., La doctrina de las proposiciones insolubles en las *Summulae* de Domingo de Soto, *Cuadernos salmantinos de filosofía*, 13 (1986), pp. 179-203.

— Sobre las obligationes de Juan de Holanda, *Anuario Filosófico*, XX/2 (1988), pp. 33-70.

ECHEVERRÍA, B., *El problema del alma humana en la Edad Media. (Pedro de Olivi y la definición del Concilio de Vienne)*, Buenos Aires: Espasa-Calpe, 1941.

FRAILE, G., *Historia de la filosofía, III) Del Humanismo a la Ilustración (siglos XV-XVIII)*, Madrid: BAC, 1966.

— *Historia de la filosofía española. I) Desde la época romana hasta fines del siglo XVII*, Madrid: BAC, 1971.

GARCÍA GÓMEZ-HERAS, J. M., *Ética y hermenéutica*, Madrid: Biblioteca Nueva, 2000.

GARCÍA LÓPEZ, J., *El valor de la verdad y otros estudios*, Madrid: Gredos, 1965.

— *Doctrina de santo Tomás sobre la verdad (Comentarios a la Cuestión I De Veritate y traducción castellana de la misma)*, Pamplona: Eunsa, 1967.

— *Estudios de metafísica tomista*, Pamplona: Eunsa, 1976.

GEACH, P. T., *Las virtudes*, Pamplona: Eunsa, 1993.

GILSON, É., *La filosofía de san Buenaventura*, Buenos Aires: Desclée de Brouwer, 1948.

GOUDIN, A., *Logica*, Urbeveteri: Prelis Speraindeo Pompei, 1859 (novissima editio).

GREDT, I., *Elementa Philosophiae aristotélico-thomistae*, Barcinonae: Herder, 1956 (11.ª ed.), 2 vols.

GUZMÁN, L. de, *El problema de la verdad*, Barcelona: Herder, 1964.

HÄRING, B., *La ley de Cristo*, Barcelona: Herder, 1964 (4.ª ed.), 3 vols.

HEIDEGGER, M., *¿Qué es metafísica?,* Buenos Aires: Siglo Veinte, 1967.

— *Die Grundprobleme der Phänomenologie*, Fráncfort del Meno: Vittorio Klostermann, 1975.

HERNÁNDEZ, R., *Derechos humanos en Francisco de Vitoria*, Salamanca: Editorial San Esteban, 1984.

LOCKE, J., *Ensayo sobre el gobierno civil*, México: Nuevomar, 1991 (5.ª ed.).

LONGPRÉ, E., La théologie mystique de Saint Bonaventure, *Archivum Franciscanum Historicum*, vol. XIV, fasc. 1-2 (1921), pp. 36-75.

LUKASIEWICZ, J., *Aristotle's Syllogistic from the Standpoint of Modern Formal Logic*, Oxford: Clarendon Press, 1954 (repr.).

MARTINEZ DE PRADO, I., *Controversiae metaphysicales sacrae theologiae ministrae*, t. I, Compluti: Apud Mariam Fernandez Viduam, Vniuersitatis Typographam, 1649.

MCCARTHY, TH., *La teoría crítica de Jürgen Habermas*, Madrid: Tecnos, 2013 (5.ª ed.).

MERINO, J. A., *Historia de la filosofía franciscana*, Madrid: BAC, 1993.

Muñoz, Á., Algunos antecedentes medievales de la semántica de J. Katz, *Diánoia*, vol. 29, 29 (1983), pp. 211-225.

Muñoz Delgado, V., Domingo de Soto y la ordenación de la enseñanza de la lógica, *Ciencia Tomista*, 87 (1960), pp. 467-528.

— *Lógica formal y filosofía en Domingo de Soto* (1494-1560), Madrid: Ediciones de la Revista Estudios, 1964.

— «Nominalismo, lógica y humanismo», en M. Revuelta Sañudo y C. Morón Arroyo (eds.), *El erasmismo en España*, Santander: Sociedad Menéndez Pelayo, 1986, pp. 109-174.

— «La crítica de los humanistas a la ciencia y la lógica de la escolástica tardía», en *Actas del simposio Filosofía y ciencia en el Renacimiento*, Santiago: Universidad de Santiago de Compostela, 1988, pp. 341-356.

— «Lógica trinitaria», en X. Pikaza y N. Silanes (dirs.), *Diccionario teológico El Dios cristiano*, Salamanca: Secretariado Trinitario, 1992, pp. 829-841.

Muralt, A. de, *La estructura de la filosofía política moderna*, Madrid: Istmo, 2002.

Nubiola, J., *La renovación pragmatista de la filosofía analítica*, Pamplona: Eunsa, 1994.

Olivi, P. de J., *Tratado de los contratos*, estudio preliminar de Rafael Ramis Barceló, traducción y notas, Pedro Ramis Serra y Rafael Ramis Barceló, Madrid: Dykinson, 2017.

Oromí, M., «Introducción general: filosofía ejemplarista de san Buenaventura», en *Obras de san Buenaventura*, t. III, Madrid: BAC, 1947, pp. 3-138.

Pereña, L., Suárez y la independencia de América, en *Cuadernos salmantinos de filosofía*, VII (1980), pp. 53-63.

Pieper, J., *Las virtudes fundamentales*, Madrid: Rialp; Bogotá: Quinto Centenario, 1988.

Rábade Romeo, S., *Verdad, conocimiento y ser,* Madrid: Gredos, 1965.

— *Suárez (1548-1617)*, Madrid: Eds. del Orto, 1997.

Ramírez, S., *El derecho de gentes. Examen crítico de la filosofía del derecho de gentes desde Aristóteles hasta Francisco Suárez*, Madrid: Stvdivm, 1955.

Ramírez, I. M., *De analogia*, Madrid: CSIC, 1970, vol. I.

Ramis Barceló, R., «Estudio preliminar» a P. de Jean Olivi, en *Tratado de los contratos*, estudio preliminar de Rafael Ramis Barceló, traducción y notas, Pedro Ramis Serra y Rafael Ramis Barceló, Madrid: Dykinson, 2017, pp. 15-62.

Ramos Gómez Pérez, A., *El análisis sobre la usura en la* Suma teológica *de Tomás de Aquino*, México: UNAM, 1982.

Riesco Terrero, J., Hacia el verdadero concepto de la metafísica, *Salmanticensis*, 1 (1954), pp. 87-132.

— El ser en la metafísica de Martínez de Prado, *Revista de Filosofía*, 15 (1956), pp. 529-542.

Rijk, L. M. de, «Introducción» a P. Hispano, *Tractatus, llamados después Summulae Logicales*, trad. de M. Beuchot, México: UNAM, 1986, pp. VII-CXXXII.

Robinet, A., Suárez dans l'oeuvre de Leibniz, *Cuadernos salmantinos de filosofía*, VII (1980), pp. 191-209.

Rodis-Lewis, G., Descartes aurat-il eu un professeur nominaliste?, *Archives de Philosophie*, 34 (1971), pp. 37-46.

Roig Gironella, J., El *vinculum substantiale* de Leibniz, peldaño entre Descartes y Kant, *Pensamiento*, 3, 11 (1947), pp. 301-328.

Royo Marín, A., *Teología de la perfección cristiana*, Madrid: BAC, 1958 (3.ª ed.).

—. *Teología de la caridad*, Madrid: BAC, 1960.

Sertillanges, A. D., *Santo Tomás de Aquino*, Buenos Aires: Dedebec, Desclée de Brouwer, 1946, 2 vols.

Solana, M., *Historia de la filosofía española. Época del Renacimiento (siglo XVI)*, Madrid: Asociación Española para el Progreso de las Ciencias, 1940.

Soto, D. de, *Summulae*, Salmanticae: In aedibus Dominici a Portonariis, 1575.

— *De la justicia y el derecho*, Madrid: Instituto de Estudios Políticos, 1968, 5 vols.

Stoetzer, O. C., *Las raíces escolásticas de la emancipación de la América española*, Madrid: Centro de Estudios Constitucionales, 1982.

Suárez, F., *Defensa de la fe*, Madrid: Instituto de Estudios Políticos, 1970-1971, 4 vols.

Todeschini, G., «Olivi e il *mercator* cristiano», en A. Boureou y S. Piron (eds.), Pierre de Jean Olivi (1248-1298). *Pensée scolastique, dissidence spirituelle et société*, París: Vrin, 1999, pp. 217-237.

Todisco, O., «Ética y economía», en J. A. Merino y F. Martínez Fresneda (coords.), *Manual de filosofía franciscana*, Madrid: BAC, 2004, pp. 249-327.

Toledo, S. I. de, *Obras*, Madrid: BAC, 1971.

Tomás de Aquino, santo, *Opera*, Taurini-Romae: Marietti, 1926 ss.

— *Summa Theologiae*, Madrid: BAC, 1955 ss.

Valderrama Andrade, C., *Filosofía ejemplarista. Acercamiento al pensamiento de san Buenaventura*, Santafé de Bogotá: Universidad de san Buenaventura, 1993.

VALDIVIA, B., La suposición en la *Logica parva* de Pablo de Venecia, *Acta Poetica,* 8 (1987), pp. 125-134.

VITORIA, F. DE, *Comentarios a la Secunda Secundae de santo Tomás,* t. VI, ed. V. Beltrán de Heredia, Salamanca: BTE, 1952.

WADELL, P. J., *La primacía del amor. Una introducción a la ética de Tomás de Aquino,* Madrid: Palabra, 2002.

WALLACE, W. A., El enigma de Domingo de Soto: (*Uniformiter difformis* y la caída de los cuerpos en la tardía física medieval), *Studium,* 16 (1976), pp. 343-367.

ZORROZA, M. I., «Introducción» a F. de Vitoria, *Contratos y usura*, Pamplona: Eunsa, 2006, pp. 11-80.